KB119203

공감의 힘

나남
nanam

사회복지학 총서 112

공감의 힘

2022년 10월 10일 발행
2023년 12월 5일   3쇄

지은이   양옥경
발행자   趙相浩
발행처   (주) 나남
주소   10881 경기도 파주시 회동길 193
전화   (031) 955-4601 (代)
FAX   (031) 955-4555
등록   제 1-71호 (1979.5.12)
홈페이지   http://www.nanam.net
전자우편   post@nanam.net

ISBN 978-89-300-4120-1
ISBN 978-89-300-8655-4(세트)

사회복지학 총서 112

공감의 힘

양옥경 지음

The Power of Empathy

The Power of Empathy

나남
nanam

현장을 지킨 '공감의 힘'

2019년 말 코로나바이러스감염증-19(COVID-19)가 발생하자 전 세계는 큰 혼돈에 빠졌고 급기야 대유행(팬데믹)을 선포하기에 이르렀다. 방역복을 입은 상태에서 확진환자를 대해야 하는 극한 상황이 펼쳐졌다. 이는 병원이나 요양원 종사자들이 그 현장을 피하고 싶을 정도로 업무 한계를 넘어서는 일이었다. 병원이나 요양원 등을 통째로 봉쇄하는 코호트 격리를 당하고 사회적 거리두기를 지키게 되면서 모든 교류가 중단된 채 격리되고 고립되는 상태에 빠졌다.

병원은 병원대로, 요양시설은 요양시설대로, 지역사회는 지역사회대로 어느 한 곳 위험하지 않은 곳이 없었다.

그러다 보니 해결해야 할 문제도 다차원적으로 발생하고 있었다. 전염성 질병으로 시작되었지만 의료만의 문제가 아니라 일상과 직결된 문제로 그 범위가 넓어지고 있었던 것이다.

팬데믹은 모두를 힘든 상황에 놓이게 하지만 취약계층의 상황은 더 열악하다. 개인의 생존에 직접적인 위협을 가하고 각자도생의 원칙하에 공동체를 붕괴시키기 때문이다. 사회적 거리두기가 시작되자 지역사회 복지시설들은 강제 폐쇄되었고 시설이용자들의 시설 출입은 저지당했는데, 이는 취약계층에게는 사회와의 연결끈이 끊어져 버리는 수준의 심각한 상황이었다. 기본적으로 사회적 지지 네트워크가 빈약한 취약계층인 시설이용자들이 일상의 삶을 지탱할 도움조차 받지 못하고 고립될 수밖에 없는 상황에 놓이게 되었기 때문이다.

아무도 오지 않는 텅 빈 시설에서 사회복지사들은 집에서 홀로 고립되어 힘들어 할 이들을 위한 대책을 강구해야 했다. 결국 생명이 위협받는 상황에서, 감염의 위험을 무릅쓰고 서비스를 제공하기 위해 이용자들이 거주하는 집으로 찾아 나서게 되었다. 어떻게 해서든 이들이 지치지 않고 삶을 유지해 나갈 수 있도록 사회와의 연결끈을 이어주는 사회복지사로서의 책임을 다해야 한다고 생각했던 것이다.

당시의 현장 목소리를 담아 보았다.

우리 사회복지사들의 실천이 사람의 생명과도 연관될 수 있다는 중요성에 대한 인식과 이를 뒷받침해 주는 상황들이 계속 생기다 보니까 그게 더 강화된 게 아닌가 해요. 그래서 위험한 상황에서도 필요한 일이라는 생각이 들 때는 책임감을 느끼고 뛰어들게 되는 게 아닌가 싶습니다.

저는 '내가 시설에 살고 있는 장애인들의 생명과 안전을 지키는 존재인가'라는 생각이 들더라고요. 취약가구 주민들은 오히려 그냥 일상 자체가 멈춰 버려서 어려움이 많죠. 욕먹으면서도 이들의 집으로 찾아가고 이야기 나누면서 더 많이 친해지고 좋은 관계가 유지되는 계기가 됐었던 것 같아요.

시설 안에서만 갇혀 살았다고 보면 되고요. 나름 즐겁게 생활할 수 있는 방법들도 고민하고 시설 안에 편의점도 만들고 그

랬는데. 이용자들이 좋아하는 거 보면서 우리가 용기를 가질
수 있었고요.

답이 있는 것은 아니었지만 그때그때 대처해 나가는 수
준으로 시설이용자들을 보호하고 있었다. 서비스도 받지
못한 채 홀로 고통스러운 시간을 보내고 있을 이용자들의
불안하고 외로운 마음을 그대로 느낀 나머지 방역용품이
부족한 상황에서도 이들을 찾아 나섰던 것이다. 사람에 대
한 기본적인 사랑, 그리고 지역사회에 대한 사회적 책임이
더욱 강하게 발휘되는 순간이었다.

내가 (직업으로) 사회복지사를 선택했는데 사회복지사는 어떤
상황에 있어도 그 상황을 회피하기보다는 직면해야 하는 거 아
닌가? 우리 모두 이런 마인드가 있는 거예요.

이 말은 나에게 큰 울림으로 다가왔다. 그렇다면 왜 우리
의 사회복지사들은 이런 열악한 상황에서도 시설이용자를
시설 안에서는 물론이고 집까지 찾아가 돌보면서 이들 곁
을 지켰던 것일까.

나는 이것을 '공감의 힘'으로 보았다. 공감은 시간과 공간을 관통하는 통시대적이고 통사회적인 개념이다. 공감은 자신도 모르는 사이에 더욱 큰 힘을 발휘한다. 공감 안에 사회적 책임을 포함하기 때문이다. 팬데믹 상황은 사회복지사들의 평소의 공감능력을 더욱 강하게 발휘하는 계기를 제공하였다. 사회복지사들은 내재되어 있는 공감의 힘을 최대한 발휘하여 팬데믹 상황에서 더 취약한 상태에 빠질 수 있는 지역사회의 취약계층을 지켜냈다.

코로나 증상으로 인해 느끼는 아픔, 생사를 넘나드는 공포, 불확실한 미래에 대한 불안, 격리로 인한 외로움, 코로나에 걸렸다는 비난을 감수해야 하는 두려움, 이 모든 것으로 인한 우울함과 고통. 코로나 환자들이 겪는 감정의 경험이었다. 전염력도 높고 치사율도 낮지 않은 이 새로운 질병으로 인한 위중증 비율이 높아지자 환자들은 상당히 불안하고 힘든 상황에 놓이게 되었다. 그리고 사회복지 시설 종사자들도 환자의 입장을 이해하고, 그들의 감정을 비슷하게 느낄 수 있었다. 그와 같은 경험은 이들로 하여금 책임감 있는 행동, 즉 이들을 더 잘 보호하고, 그래서 사회적 책임을 다하는 행동을 하도록 이끌었다.

이것이 바로 공감이고 이렇게 발휘하게 되는 저력이 바로 공감의 힘인 것이다.

"아, 정말 공감된다."

"취지에 공감한다."

"깊은 공감을 자아냈다."

우리가 일상에서 자주 접하는 말이다. 이 외에도 우리가 생각할 수 있는 공감에 관한 표현들은 아주 많다. 그리고 이렇게 공감하거나 공감되는 상황들은 정말 많다. 인터넷에서 '공감'이라는 키워드로 검색하면 셀 수 없이 많은 정보들과 기사들이 쏟아져 나온다. 그만큼 공감은 우리에게 친숙한 단어가 되었다.

물론 너무 쉽게 사용하여 남용하는 경우도 종종 목격된다. 객관적인 내용이나 방법에 동의하는 것을 놓고도 공감한다고 한다. 감정이나 느낌 같은 정서적인 공유는 전혀 없이 생각만 공유하면서도 공감한다고 하는 등 동의를 대신하는 말로 공감을 쉽게 사용한다. 그러나 생각하는 내용에 대한 동의는 공감이 아니다.

공감은 언제나 우리와 함께 있어 왔다. 그리고 그 공감은 우리가 어려움에 처했을 때마다 힘을 발휘해 왔다. 아무리 힘든 상황이어도 우리 사회가 살 만한 곳이라고 말할 수 있는 이유는 바로 이 공감의 힘 때문이다. 그러나 우리가 쉽게 공감을 말해 오기는 했지만 정작 그 공감이 무엇인지, 어디서 오는지, 어떻게 작용하는지, 나한테도 그 공감이 있는 것인지 등에 대해서는 별로 깊이 있게 돌아보지 않았다. 그래서 나는 공감을 조금 깊숙하게 들여다보고자 한다.

공감은 느낌이다. 정서적 공감을 말한다.
공감은 생각이다. 인지적 공감을 말한다.
공감은 행동이다. 실천적 공감을 말한다.
공감은 책임이다. 사회적 공감을 말한다.

즉, 공감은 느낌이자 생각이며 행동이고 책임이다. 단순히 느끼고 생각하는 데 그치지 않고 행동으로 옮긴다는 것은 상대방과 소통한다는 뜻이다. 그리고 그 소통은 사회적 책임으로 진화한다. 공감적 느낌과 생각이 행동으로 옮겨 가는 것은 바로 이 책임의식이 우리의 의식 저변에 깔려 있기 때문이다. 따라서 이 공감의 과정에는 소통이 따라야 한다. 소통하지 않으면 공감이라고 할 수 없다. 소통해야 공감이다.

이 책은 이렇게 시작됐다.

우리의 사회복지 기관 및 시설 종사자들이 환자와 클라이언트를 떠나지 않고 그들을 지키려고 했던 그 힘, 그것이 궁금해서 질문하기 시작했다. 사회복지실천 현장의 사회복지사들에게 내재되어 있던 기본적인 자질이자 역량, 기술인 공감을 찾아낼 수 있었다. 그래서 그것을 공유하고자 이 책을 준비했다.

사회복지사들을 비롯한 시설과 기관의 종사자들이 경험한 느낌과 생각, 행동과 책임의식을 사회복지학의 학문의 틀을 기반으로 현장의 시각과 전문직의 관점에서 풀어 보고자 하였다. 현장의 생생한 소리를 담아내는 노력과 함께, 한편으로 40년이 넘는 시간 동안 사회복지 분야에서 학문과 실천에 정진하고자 했던 나의 노력의 열매도 담아 보려고 하였다.

오랫동안 전문성을 담보한다는 이유로 3인칭의 간접화법으로만 해 오던 글쓰기를 1인칭 직접화법으로 새롭게 시도해 보았다. 주관적인 글이라는 뜻이다. 그래서 글은 유연해졌지만 부족한 점이 많을 것이다. '공감'의 마음으로 읽고 '공감'해 주시기를 기대해 본다.

2022년 9월

양 옥 경

차 례

1장

공감이란

What is empathy

공감은 다른 사람의 감정과 생각에
담긴 의미를 느끼고 인식하여
소통하는 능력이다.

공감은 느낌과 감정, 이에 근거한 생각과 인식, 그리고 이를 바탕으로
취한 행동, 이 모든 것이 매우 복합적으로 작용하는 개념이다. 강조점
을 두는 데 차이가 있다 보니 학자들마다 개념 정의가 약간씩 다를 수
는 있지만, 중요한 공통점이 있다. 공감은 단지 그 사람 안에만 머물러
있는 것이 아니라 다른 사람에게 전달되고 소통되는 과정이라는 것
타고난 천성이 아니라 성장하면서 계발할 수 있는 능력이라는 것 그
리고 이 모든 것의 총합이라는 것이다.

　　그래서 나는 '공감은 다른 사람의 감정과 생각에 담긴 의미를 정확
하게 느끼고 인식하여 소통하는 능력'이라고 정의한다.

공감의 다양한 정의

공감에 관한 여러 학자들의 개념 정의는 어의적 차원과 학문적 차원에서 살펴볼 수 있다.

첫 번째, 어의적 차원에서의 공감의 정의다.

공감共感은 한자 공共과 감感이라는 뜻풀이가 말해 주듯이 감정을 '함께 느끼는 것'이다. 《표준국어대사전》에서는 공감을 "남의 감정, 의견, 주장 따위에 대하여 자기도 그렇다고 느낌. 또는 그렇게 느끼는 기분"(《표준국어대사전》, 2021) 이라고 정의하고 있다. 《두산세계대백과사전》에서는 "대상을 알고 이해하거나 대상이 느끼는 상황 또는 기분을 비슷하게 경험하는 심적 현상"(《두산세계대백과》, 1996) 이라고 정의하고 있다. 느낌과 심적 현상이라는 표현의 차이만 있을 뿐, 느낌과 정서의 측면에서 정의하는 데에 머무른다는 점에서는 두 개의 언어적 정의는 동일하다고 하겠다.

반면 미국의 사전에서는 다른 측면을 살펴볼 수 있다. 영어로 공감은 empathy이고 발음을 한글로 표기하면 '엠퍼씨'이다. 미국 메리엄-웹스터사전에서는 "다른 사람의 감정과 경험을 이해하고 공유하는 느낌, 다른 사람의 감정을 공유하는 능력"(Merriam-Webster Dictionary)이라고 정의한다. 동정sympathy과는 구분하면서 공유를 강조하고 있다. 느끼고 이해한 바를 바탕으로 소통해야 한다는 것이다. 동정과 달리 소통이 공감의 주요 포인트다.

롱맨현대영어사전에서는 "다른 사람의 느낌과 문제를 이해하는 능력"(Longman Dictionary of Contemporary English)이라고 정의하고 있다. 메리엄-웹스터사전이 다른 사람의 감정을 느끼고 이해하고 공유하는 데 초점을 두고 있다면 롱맨현대영어사전은 다른 사람의 문제를 강조하고 있음을 알 수 있다. 동정과 달리 공감이 다른 사람의 어려움이나 고통까지도 이해하고 해결하는 수준으로 기능한다는 점을 나타낸 것이다.

두 사전 다 핵심적인 포인트는 능력이라는 점을 강조하고 있음을 알 수 있다. 감정과 경험과 고통을 이해하고, 이를 바탕으로 소통하여 해결하는 능력이 수반되어야 공감이라는 것을 단어의 어의적 정의에서 명확하게 드러남을 알 수 있다.

공감은 어의적 차원에서 보았을 때도 느낌과 기분의 정서적인 현상이면서, 동시에 결국은 그 현상을 이해하고 공유하는 능력에 있다는 것을 알 수 있다. 다만 한국의 언어적 정의는 아직까지도 정서적 현상에 머물고 있다는 점에서 정의를 다시 점검할 필요가 있다.

두 번째, 학문적 차원에서의 공감의 정의다.

공감은 20세기 초 에드워드 티치너Edward B. Titchener가 미학 용어인 einfühlung(감정이입)을 심리학에 도입하여 그리스어인 empatheia로 표기하기 시작하면서 현재의 empathy(공감)의 개념이 탄생했다고 한다(박성희, 2004: 17~18). 이 einfühlung 개념은 이미 1873년 독일의 미학자 프리드리히 피셔Friedrich Theodor Vischer가 '안에 들어가서 느낀다'는 뜻을 내포하고 있는 이 단어를 사용한 데에서 비롯되었다고 한다. empatheia 역시 em의 안in이라는 뜻과 patheia의 고통 suffering 또는 열정pathos의 합성어로 "다른 사람의 고통이나 열 정을 내 안에서 느끼는 것"(김용석 외, 2016: 192) 이라고 할 수 있다. 이후 다양한 학문에서 각 분야의 학자들에 따라 조 금씩 다르게 정의하고 있는 것을 볼 수 있다.

심리학에서 도입되었기 때문인지 심리학 분야에서는 1959년 칼 로저스Carl R. Rogers에 의해 가장 먼저 공감empathy 개념이 정립된 것으로 보인다. 로저스는 "상대방의 현실을 있는 그대로 인정하며 어떠한 평가나 판단을 하지 않고 있 는 그대로 수용하는 것"(Rogers, 1959: 210~211) 이라고 정 의하였다. 다른 사람을 있는 그대로 받아들여야 한다는 수 용의 뜻이 강조된 정의다.

그로부터 10년 후 로버트 호건Robert Hogan은 공감을 "타인 의 감정을 이해하는 인지적 능력"(Hogan, 1969: 308) 이라고 정의하면서 인지와 능력의 개념을 더하였다. 이후 로저스 는 행동의 개념을 덧붙이면서 "타인의 감정 및 정서, 그들 의 내적 경험을 이해하고 함께 느끼며 의사소통하는 과정을 아우르는 복합적인 행동"(Rogers, 1975: 9~11)이라고 정의하며 공감의 복합성을 강조하였다. 이는 공감이 "미묘한 균형감각을 필요로 하는 행위"(리프킨, 2010: 217)라는 주장을 반영하는 것이라 하겠다.

　세 번째, 사회복지학 차원에서의 공감의 정의다.

　사회복지 분야에서도 공감에 대한 개념 정의는 다채롭게 이루어지고 있다. 우선 사회복지학에서의 학문적 정의는 사회복지용어사전을 통해 알 수 있다. 여기서는 공감을 "사회복지사가 서비스 이용자의 입장에 서서 감정, 사고, 행동, 동기 등과 같은 서비스 이용자의 경험을 민감하고 주의 깊게 이해하는 것"(이준우, 2011: 116~117)이라고 정의한다. "서비스 이용자가 한 말을 반복하거나 바꾸어 표현해주는 과정"을 공감적 반영이라고 별도로 정의하면서 공감은 그 자체로 서비스 이용자를 이해하는 차원으로 설명하고 있다.

　반면 미국의 사회복지학사전에서는 empathy를 "타인의 정서와 생각을 인지하고 이해하며 경험하고 그것들에 반응하는 행위"(Barker, 2008: 139) 라고 정의하면서 반응하는 행동act까지 공감의 영역 안에 넣고 있다. 한국의 정의가 행동의 차원을 공감적 반영으로 별도로 구분하는 데 반해 미국의 정의는 공감의 개념 안에 공감적 반영을 하는 반응의 행동까지 포함하고 있다. 공감을 폭넓게 정의하는 시대적 변화가 우리의 정의에도 반영될 필요가 있겠다.

사회복지의 학문적, 실천적 차원에서 공감은 사회복지실천의 기본 개념이면서 사회복지사가 갖추어야 할 역량이자 기술로서 이해된다. 《사회복지실천론》에서는 공감을 "사회복지사가 클라이언트를 수용하고 그에게 관심이 있음을 전달하는 능력으로 클라이언트의 감정을 공개적으로 수용하고 인정하는 것"(양옥경 외, 2018: 303) 이라고 정의했다. 능력과 함께 의사소통을 강조함을 알 수 있다.

"클라이언트의 감정 및 감정의 의미에 민감성을 가지고 이를 정확하게 인식하여 의사소통할 수 있는 능력"(Fischer, 1973: 329) 이라고 정의하는 학자도 있다. "3m 깊이 웅덩이에 빠진 클라이언트를 보았을 때 웅덩이 속에 직접 들어가 클라이언트와 그 상황을 공유하면서 탈출 방안을 함께 강구하는 것"(엄명용 외, 2020: 23) 이라고 상황에 비추어 정의한 학자도 있다.

임파워먼트 접근으로 잘 알려진 마일리와 그의 동료들은 "클라이언트의 감정과 그 감정의 의미를 정확하게 민감성을 갖고 인식하고 소통하는 원조자의 능력"(Miley et al., 2016: 134) 이라고 하였다. 또한 클라이언트의 관점을 타당하게 받아들여서 '아, 그런 마음이었군요', '어떻게든 견뎌 보려고 하신 거네요' 등 클라이언트에게 힘을 가져다주는 공감적 지지를 하는 것이 사회복지사의 기본 역량이라고 하였다(양옥경 외, 2018: 227).

사회복지학의 학문적 정의는 클라이언트의 감정을 인식하고 수용하며 전달하는 소통을 강조하는 동시에 공감이 능력이자 역량이라는 점을 강조하고 있다.

공감의 4개 차원

이런 정의를 바탕으로 나는 공감을 느낌, 생각, 행동, 그리고 책임의 4개 차원으로 폭넓게 정의한다. 《공감의 시대》저자인 제러미 리프킨Jeremy Rifkin은 "공감은 단지 정서적인 것이 아니다"라고 주장하면서 "세상을 하나로 묶는 접착제"로 받아들여진다는 공자와 맹자의 말씀을 인용하고 있다 (리프킨, 2010: 271). 이것은 공감이 느낌이자 생각이고 행동이며 책임이라는 나의 주장과 맥을 같이한다.

많은 학자들이 공감이란 정서적인 것뿐 아니라 인지적인 것이라고 정의한 것을 보았다. 그러나 그렇게 느끼고 생각한 것을 행동으로 옮기지 않으면 그것은 동정과 크게 다를 바 없다. 그래서 나는 공감에는 행동이 따라야 한다고 보았고, 또 다른 차원인 사회적 책임을 강조하였다.

이 4개 차원은 독립적이라기보다 서로 연결되어 있다고 할 수 있다. 순서는 없지만 나열된 순서대로 발생한다고 생각해도 무리가 없다. 특히 처음 3개 차원인 느낌, 생각, 행동이 서로 이어지지 않는다면 공감이 아니다. 느끼고 생각해서 행동으로 옮기는, 즉 느끼고 생각한 것을 상대방에게 전달하는 과정의 총체적 통합이 바로 공감이기 때문이다.

공감은 신뢰관계를 형성하는 데 기여하고 대인관계 만족감과 사회적 안녕을 향상시키는 데 결정적인 역할을 하는 것(Lietz et al., 2011: 105; Rhyn et al., 2021: 148)으로 알려져 있다. 더 나아가 갈등을 해소하는 능력을 향상시키고 친사회적 행동을 촉진시키는 데 긍정적인 영향을 미치는 것(Segal et al., 2012: 542)으로 알려져 있다.

책임은 전체를 아우르는 차원이면서 또한 다른 3개의 차원과는 구분되는 것이라고 할 수 있다. 책임의식이 선재하여 공감이 쉽게 발현될 수도 있고, 공감하는 과정에서 책임의식이 발동될 수도 있다. 우리가 사회를 성숙하게 지켜나가기 위해서는 이 책임의 차원이 다른 3개 차원과 공존해야 한다는 것은 분명하다.

공감하는 사회는 성숙한 문명사회이며, 문명사회를 이룩하는 길은 곧 공감을 나누는 길이어야 한다. 공감을 나누는 공감적 시민이 구성해 나가는 공감적 사회여야 한다는 것이다. 따라서 책임의 공감은 느낌, 생각, 행동의 공감과 별개로 존재하는 것이 아니라 사회책임의 공감으로 진화하는 것이라 할 수 있다.

공감은 느낌이다. 정서적 공감을 말한다.

공감은 한 사람이 다른 사람 또는 다른 생명체에 대해 갖는 정서적 감정이다. 공감에서는 이 정서적 측면이 가장 우선시된다. 마음으로 느낌으로써 정서적으로 동일한 혹은 매우 비슷한 감정을 갖는 것이다. 그렇게 하기 위해서는 타인의 감정을 민감하게 느낄 수 있어야 한다. 이를 '감정이입'이라고 하는데, 다른 사람이 경험하는 감정을 그 사람의 입장에서 거의 비슷한 차원, 동일한 수준으로 느끼는 상태를 뜻한다. 타인의 고통을 측은하게 여기고, 불쌍히 여기며, 동정하고, 함께 괴로워하는 것이다. 그런 점에서 정서적 공감은 동정과 비슷한 감정을 경험하게 된다. 즉 그 사람의 마음의 자리에 가서 그 마음 그대로를 느끼는 것이다.

사람이 경험하는 고통은 그 넓이와 깊이가 다양하여 동일한 상황에서도 경험하는 사람에 따라 감정의 폭이 모두 다르다. 따라서 다른 사람이 경험하는 감정의 폭을 그 사람과 동일하게 혹은 비슷한 수준으로 경험하기란 쉬운 일이 아니다. 그 사람의 입장에 서서 거의 비슷한 차원에서 거의 동일한 수준으로 느끼는 것이 정서적 공감이다.

동정sympathy은 한 개인이 느끼는 그만의 고유한 감정이다. 동정하는 대상에 대한 관심보다 그 대상을 보고 느끼는 자신의 감정에 관심이 더 많다. 동정을 느낄 때는 자신의 감정이 더 중요하고 그 감정에 충실하게 된다는 것이다. 동정은 고통받는 사람의 고통을 그 사람의 것이라고 여기고, 그 사람을 바라보는 자신은 그가 불쌍하다고 생각하기만 하면 충분하다. 그 고통이 나의 것이라고는 생각하지 않는다. '불쌍하다', '측은하다', '안됐다' 등의 감정을 주관적으로 경험하면서 나의 감정에만 충실할 뿐이다. 그 상태에 놓이지 않은 자신은 다행이라고 생각하면서 위안을 받기도 한다. 동정의 마음에만 머물 뿐 동정하는 사람을 대상으로 그 사람의 입장을 객관적으로 헤아리고 이해하고자 하는 어떤 행동도 취하지 않는다. 이것이 동정이다.

반면 공감empathy은 동정과 느낌에 있어서는 비슷하지만 상대방이 경험하는 그 고통을 나의 고통이라고 느낀다는 점에서 동정과 완연한 차이를 보인다. 이때의 감정은 상대방의 입장에서 느끼는 것으로 상대방이 느끼는 감정과 유사한 수준의 감정이다. 동정은 상대방의 감정이나 기분과 무관하게 느끼는 나의 감정이라서 경우에 따라서는 불필요한 감정표현이 될 수도 있고, 상대방을 무시하거나 상대방의 기분이 더 불쾌해지는 상황을 만들 수도 있다. 그러나 공감은 상대방의 입장에서 상대방과 비슷한 감정을 느끼는 것이기 때문에 상대방의 입장을 존중해 주고, 나아가 상대방 자체를 존중하게 된다. 그러면서도 내가 상대방은 아니기에 그 상황과 어느 정도 거리감을 갖고 객관성을 유지할수 있다. 이것이 공감이다.

내가 좋아하는 GOD의 〈촛불하나〉 노래 가사에 공감을 잘 표현한 구절이 있다. "언제나 네 곁에 서 있을게 혼자라는 생각이 들지 않게"라고 반복적으로 노래하는 후렴 구간이다. 촛불은 작고 약한 불빛이지만, 잘 꺼지지 않고 주변을 잔잔하게 밝혀주는 든든한 불빛으로 여겨진다. 노래 가사에서처럼 촛불은 그냥 옆에만 있어도 환하게 위안이 되는 그런 불빛이다. 지치고 힘든 사람에게는 함께 있어 주는 것이 가장 큰 힘이 된다는 사실을 〈촛불하나〉에서는 주문을 외우듯 노래한다. 그렇게 상대방의 방식으로 그 사람의 고통에 공감하는 것이 중요하다고 말한다.

공감은 생각이다. 인지적 공감을 말한다.

인지적 공감은 한 사람이 다른 사람 또는 다른 생명체에 대해 갖는 생각이다. 인지적 공감은 상대방이 생각하는 자리에 가서 상대방의 생각을 상대방이 생각하는 그대로 인지하는 것을 말한다. 우리는 흔히 이런 상황을 이심전심以心傳心이라고 한다. 마음에서 마음으로 뜻을 전한다는 불교 용어로서, 말하지 않고도 불법의 도리를 동일한 수준으로 이해한다는 의미이다. 깨달음은 마음 깊은 곳에서 일어나야 하고, 깨달음이 있다면 말하지 않아도 그 깨달음이 전해져야 한다는 뜻이다.

그러나 이심전심의 깨달음은 일반인들이 그렇게 쉽게 도달할 수 있는 것이 아니다. 인지적 공감은 상대방의 생각을 정확하게 파악하는 과정이다. 타인의 상황에 몰입하여 같은 차원으로 느끼더라도 객관성과 합리성을 갖고 그 느낌을 인지해야 한다. 합리적인 사고를 통해 타인과 비슷한 차원으로 느끼고 생각하는 데 미쳐야 인지적 공감이라 할 수 있다. 그러기 위해서는 당연히 "어느 정도 거리감을 필요"(리프킨, 2010: 217)로 한다.

공감이 인지적 영역이라는 점은 자밀 자키Jamil Zaki가 《공감은 지능이다》에서 설명해 주고 있다. 저자는 수천 년을 거치면서 사피엔스Sapiens의 "뇌가 서로의 생각과 감정을 더 정확하게 이해할 수 있도록 발달했다"(자키, 2021: 16)고 주장한다. 그리고 이 공감은 인간의 종보다 훨씬 더 오래된 것으로, 다람쥐 같은 동물을 비롯한 자연세계에서도 볼 수 있다고 말했다. 인간 진화의 한복판에 공감이 자리하고 있었으며, 그 결과 엄청난 공감의 능력이 또한 함께 발달했다는 것이다. 이 공감의 능력은 자연세계에서의 생존을 위한 기술(자키, 2021: 28)로 이해된다.

공감은 다른 사람의 고통을 볼 때 그 고통에 따르는 불안을 느끼고 그 고통을 덜어 주기 위해서 친절을 베푸는 행위의 밑바탕에 자리하고 있는 것이다(자키, 2021: 15). 사람은 누구나 차마 남의 고통을 외면하지 못하는 마음을 가지고 있어 물에 빠진 어린아이를 본다면 누구나 구하려 들 것이라고 말한 맹자의 말과 맥을 같이한다. 그 옛날 맹자가 말한 이 선한 마음은 아이를 구하는 행동을 통해 인간의 종을 유지하고 인간 생존을 도모하려는 뇌 기능의 발현이었던 셈이다.

우리는 인간이라면 누구나 다 위험에 처한 아이를 구하려는 마음을 가졌다고 알고 있다. 누구의 말이나 누구의 이론이 중요한 것이 아니다. 인간이라는 종이 발달하는 시작점에서는 생존을 위해 공감을 사용했을지라도, 이제 발달의 끝 지점에 있는 시민사회에서는 우리가 늘 경험하는 당연한 일이 되었기 때문이다.

2001년 일본 도쿄 신오쿠보역에서 지하철 선로로 추락한 취객을 구하기 위해 자기 목숨까지 희생한 고(故) 이수현 학생을 우리는 기억하고 있다. 20년이 지난 지금까지도 우리 가슴에 큰 파장을 남긴 인물이다. 물론 위험에 처한 사람을 구해야겠다고 인지하는 시간은 찰나이고 곧바로 행동으로 이어지지만, 그 행동은 인지의 결과다. 공감은 이렇듯 감정적이고 정서적이면서도 동시에 인지적인 체험이다.

정조는 《일득록日得錄》 중 〈정사政事〉에서 다른 사람의 처지를 자신의 처지와 똑같이 여기고 잘 살펴 행하라고 지시한 바 있다(정창권, 2019: 190). 각 군영의 향군들이 집과 고향을 멀리 떠나와 눈 오는 추운 밤에도 밤새워 군영을 지키는 모습에 "추운 데서 문을 지키는 괴로움이 마치 내 눈앞에 있는 듯하다"라고 말했다는 기록은 정조의 공감 능력을 잘 보여 준다.

더 나아가 정조는 "나의 이런 마음을 각 군영의 대장들은 체득"하라고 지시하면서 각 군영의 대장들에게 부하 군인들의 상황에 인지적 공감을 하라고 명한다. 추위와 향수로 인한 부하 군인들의 괴로움과 고통을 느끼고 인지하라는 주문인 셈이다. 그리고 그렇게 인지하는 수준을 정조 자신의 마음과 같은 수준으로 제대로 이해하고 느끼라는 것이다. 정치를 하거나 부하를 다스리는 데 공감이 얼마나 중요한지를 보여 주는 대목이다.

공감은 행동이다. 실천적 공감을 말한다.

실천적 공감은 다른 사람의 느낌과 생각을 체험한 후 실천으로 옮기는 행동이다. 체험적 공감의 상태를 실천으로 실행해내는 것이다. 공감이 동정과 다른 점이 바로 이 실천적 공감에서 확실하게 나타난다. 동정은 개인의 고유하고 사적인 감정이다. 다른 사람과 그 감정을 굳이 나눌 필요도 없고, 다른 사람에게 비슷한 감정을 느끼라고 설득하거나 강요할 필요도 없다. 나 혼자 불쌍하게 여기고, 슬퍼하고 안타까워하면서 그 상태에 머무르면 된다. 그러나 공감은 타인의 감정을 함께 느끼고, 그렇게 느낀 나의 감정을 또다른 사람이 함께 느끼는 행위다.

이렇게 공감은 나한테만 머무르지 않고 나를 통해 또 다른 사람에게도 전달된다. 따라서 다 함께 같은 감정을 느끼기 위해서는 서로 그 감정을 공유할 필요가 있다. 그러려니 하는 수준으로 느끼고 인지하는 데에 그치지 않고, 함께 느끼고, 느낀 것을 함께 생각으로 나누고, 그 체험이 발현될 수 있도록 행동으로 옮겨야 한다.

2018년의 미투 운동Me Too Movement은 느낌과 생각이 행동으로 옮겨간 전형적인 예이다. 한 사람이 공감한 것을 표현하니 또 한 사람이 그에 공감한다고 표현하고, 그 옆의 또 다른 사람이 나도 그렇다고 표현하는 팻말을 들고 세상에 알리는 행동, 즉 실천적 공감을 한 것이다. 그러면서 세상을 바꾸어 놓는 결과를 낳았다.

GOD는 〈촛불하나〉에서 "불을 밝히니 촛불이 두 개가 되고 그 불빛으로 다른 초를 또 찾고 세 개가 되고 네 개가 되고 어둠은 사라져가고"라고 노래한다. 느낌의 공감과 생각의 공감이 행동의 공감으로 이어지며 공감의 상태를 나누는 순간이다. 곁에 있어 주면서 같이 느끼기만 해도 생겨난 정서적이고 인지적인 공감은 촛불을 두 개, 세 개, 네 개로 밝히는 실천적 행동의 공감을 통해 상대방의 고통을 함께함으로써 퍼져 나간다. 그 고통을, 그 어둠을 헤쳐 나가고 있음을 알려 주는 것이다. 그러면서 어둠이 사라져가듯 문제가 해결되는 것이다. 소통하는 공감을 매우 잘 표현한 훌륭한 작품이다.

내 연구실에는 '세상에 촛불이 되지 못하거든 촛불을 비춰 주는 거울이라도 되라'는 문구를 새긴 액자가 있다. 이 문구를 보면서 공감의 촛불이 되어야겠다고 다짐하곤 했던 기억이 새삼 떠오른다.

공감은 배려와 비슷하다. 어찌 보면 공감은 배려의 모체다. 공감을 해야 배려라는 행위가 나타날 수 있기 때문이다. 배려란 타인의 고통에 대한 이해와 동감을 바탕으로 한다. 타인의 고통을 느끼되 그 고통에 매몰되지 않고 객관적으로 그 고통스러운 상황을 이해해야만 그 상황에 대해 상대방을 배려할 수 있다. 같은 맥락에서 공감은 또한 박애나 친절과도 의미가 서로 통한다.

정조는 앞서 인용한 《일득록》에서 "추위에 떠는 이가 있으면 마치 자신이 추운 듯이 여겨 살피도록 하라"(정창권, 2019: 190)고 지시하였다. 그러면서 이후로는 나의 지시가 있기 전에 알아서 미리미리 살피는 것 또한 잊지 말고 행하라고 덧붙인다. 대장들로 하여금 부하 군인들의 처지를 이해하고 배려하라는 주문이다. 자신이 추운 듯이 여기고 또한 살피라고 하면서 느끼지만 말고 꼭 행동으로 옮기고 제대로 살펴 추위에 떨지 말게 하라는 명령이다. 행동으로서의 공감을 잘 나타내는 대목이다. 정치를 하거나 부하를 다스릴 때 공감을 통한 실천적 행동이 얼마나 중요한지 잘 보여 준다.

공감은 책임이다. 사회적 공감을 말한다.

사회적 공감은 사람들이 느끼고 생각하고 행동하는 과정을 통해 소통하는 것이 바로 책임의식으로의 진화 과정임을 보여 준다. 한 개인에 대해 느끼고 생각하는 바가 결국은 사회적 책임의식으로 연결될 수 있기 때문이다. 깊이 공감하다 보니 책임의식을 갖게 되는 셈이다. 리프킨(2010: 746)은 "공감의 개발은 친사회적 행동과 관계가 있다"라고 하면서 공감의 뿌리를 잘 개발하는 것이 중요하다고 강조한다.

리프킨은 서로에게서 인간성을 발견하는 능력이 바로 공감이라고 주장하면서 "인간과 살아 있는 모든 존재에 조금 더 깊이 공감할수록 참여의 정도가 강해지고 넓어지며 그럴수록 우리가 몸담고 있는 현실의 영역은 더 풍요로워지고 더 보편적이 된다"(리프킨, 2010: 194)고 역설하고 있다. 그러니 공감이 부정적인 측면에서 발현된다는 것은 불가능한 일이다. 부정적이고 폭력적인 상황을 동일한 수준으로 느끼면서 반사회적 행동으로 옮겨가는 것은 공감이라 할 수 없다. 아무리 비슷하게 느끼고 이해하며 행동한다고 해도 부정적이고 폭력적이며 비윤리적인 공감의 상태는 공감이 아니다. 개인 차원의 공감이라 하더라도 사회적 책임으로 진화되는 것이 공감이다.

앞서 공감은 배려와 맥락을 같이한다고 하였다. 사회적

공감이 그것이다. 매년 전국 각지에서 모여든 온정의 손길이 사회복지공동모금회 '사랑의온도탑'을 100℃ 이상 뜨겁게 달군다. 우리는 나보다 더 힘들어 하는 사람들을 위해 작은 힘이라도 보태야겠다는 마음으로 아무리 어려운 때이더라도 항상 100℃를 넘겨 왔다. 마치 100℃를 넘겨야 할 의무가 있는 사람들인 것처럼.

COVID-19 팬데믹이 가장 심했던 2020년에도 사랑의온도탑은 114.5℃로 100℃를 훌쩍 넘기면서 모금회의 모금액이 총 8,460억여 원에 달해 전년 대비 29.4%의 증가율을 보였다.[1] 이런 결과는 나보다 더 힘든 다른 사람에게 우리 국민이 보인 배려의 결과였고 이들의 어려운 처지에 대한 공감이 발현된 산물이었다. 공감적 시민의 사회책임 의식이 발동한 것으로 성숙한 시민사회의 모습인 것이다.

―――――

1 사회복지공동모금회(2022). 사랑의열매 사업성과.
    https://chest.or.kr/lf/intrcn/initBsnsrslt.do
    조선media 더나은미래(2021.2.2.). "'사랑의 온도탑' 114.5도로
    료… 작년 총 기부액은 역대 최고 8462억 원".
    https://futurechosun.com/archives/53818

아동학대 사건이 연일 뉴스를 장식하던 중 '정인이 사건'은 유난히 많은 사람들의 공감을 이끌어냈다. 맹자가 말한 대로 사람은 누구나 차마 남의 고통을 외면하지 못하는 마음을 가지고 있어, 정인이가 경험했을 고통, 나아가 비슷한 처지에 놓였던 수많은 학대 피해 어린아이들의 고통을 외면하지 못했던 것이다.

"정인아 미안해 우리가 바꿀게"(〈동아일보〉, 2021. 1. 14.)는 비록 아동학대를 막아내지는 못하더라도 외면하지 않고 고통을 나누는 수준까지의 사회적 책임을 지고, 이를 통해 다시는 이와 같은 고통스러운 일들이 어린아이들에게 발생하지 않도록 사회적 책무를 기꺼이 지겠다는 의지를 담아낸 가장 대표적인 문구다.

그 외에도 전국 각지에서 일어난 '정인이를 기억해 주세요' 피켓 시위, 양부모 강력 처벌을 촉구하는 시민들의 진정서 접수 및 탄원서 제출, 그리고 서명운동 등은 "우리가 바꿀게"를 해내기 위한 적극적인 행동으로서의 공감을 보여 주었다. 그와 같은 공감대가 전 국민의 가슴에 잔잔하게 와닿았기 때문이었다. 이것이 사회적 책임으로서의 사회적 공감이다.

　이런 사회적 공감이 COVID-19 팬데믹 기간 동안 사회
복지 분야 종사자들에게서 발휘되었다. 2년 이상 팬데믹으
로 인해 두렵고 힘든 시기에도 사회복지 분야 종사자들은
시설이용자들이 처한 상황, 그들의 감정과 생각을 비슷하
게 경험했기에 위험을 무릅쓰고 자리를 지켰다.
　사회복지사들은 팬데믹으로 인한 제약 속에서 사회복지
기관 이외에 달리 도움을 청할 곳이 없는 이용자들의 상황
에 공감할 수밖에 없는 상황에 놓였고 그 공감은 사회복지
사로서의 절대적인 책임감으로 전환되어 혼신의 힘을 다하
며 자리를 지켜내는 결과를 가져왔다. 그리고 시설이용자
들이 그 상황을 이겨낼 수 있도록 힘을 주었다.
　그 전에는 느낄 수 없었던, COVID-19 팬데믹이 가져다
준 새로운 사회적 책임의식은 사회복지사들이 새롭게 수행
하는 전문가로서의 역할로 인지(김현정 외, 2021: 19)되기
시작했다. 이것이 사회적 공감이자 공감의 힘이다.

시민의식의 척도, 공감

공감의 정의도 살펴보았고 공감의 4개 차원도 살펴보았다. 그러나 헤아려 동정하고, 아끼고 불쌍히 여겨 제대로 공감을 하려면 우선 나를 온전히 이해해야 한다. 이를 위해서는 자부심이나 자긍심이나 자기존중감self-esteem이 전제조건이 되어야 할지도 모르겠다. 자기 자신에 대한 믿음이 우선시 되어야 한다는 말이다. 자신의 강점과 약점, 자신이 잘할 수 있는 것과 잘할 수 없는 것, 자신이 성공한 것과 실패한 것, 이 모든 것을 인정하는 자기존중감이 있다면 누구나 아주 자연스럽게 공감능력을 가질 수 있을 것이다.

이를 위해서는 자신과의 소통이 필수적이다. 자신을 열어 놓고, 자신을 받아들이고, 자신과 자유롭게 소통하는 것, 이런 작업들이 자신을 객관적으로 바라보게 만들면서 타인과의 인지적 공감을 가능하게 해 준다. 모든 감정적 요소들을 다 열어 놓고, 특히 약하고 고통스러운 것, 인정하고 싶지 않은 두렵고 부정적인 것까지도 모두 열어 놓고 받아들이는 상태에 이르러야 비로소 자신을 비우고 타인과의 공감을 이룰 수 있다. 자신의 취약함을 감추고 솔직하지 않은 상태에서 방어적인 태도로 타인의 취약함을 수용할 수는 없기 때문이다. 자신의 취약함에 대한 수용과 소통이 시민의식으로서 공감능력을 얻는 선제조건인 이유다.

"와, 정말 공감된다." "깊은 공감을 자아냈다." "공감대를 형성했다." 우리가 일상에서 자주 접하는 말이다. 이 외에도 공감에 관한 표현은 매우 많다. 그만큼 공감은 우리에게 친숙한 단어다. 우리 모두 공감을 당연하게 받아들인다. 반면, "이게 공감이 안 돼?" "왜 이렇게 공감력이 떨어져?" 동일한 상황에서 공감을 하지 못하는 사람은 무능하다고 여겨질 정도이다.

공감을 불러일으키는 상황을 두고 동일한 차원으로 소통할 수 있어야 능력 있는 사람이 되고 그렇지 못하면 능력이 부족한 인물로 치부되는 시대가 되었다. 이제 공감은 정서적 현상의 차원을 넘어 공유 능력의 차원까지 우리 모두가 당연하게 받아들여야 하는 필요조건이 되었다고 보일 정도다. 이제 공감은 시민의식의 척도이자 잣대가 되었고, 우리 모두는 성숙한 시민의식을 갖는 공감시민으로 거듭나고 있다.

성인들의 사상과 공감

공감은 이미 우리와 함께해 왔다고 앞서 말했다. 시간과 공간을 뛰어넘어 항상 시민의식의 척도이자 잣대로 여겨졌던 것이다. 그래서 동서양의 성인들은 그 시대를 관통하고 이끄는 사상으로 공감사상을 강조했다. 성인에 따라 표현은 달리하고 있지만 사상의 핵심은 바로 현대에서 말하는 공감이었다.

동서양의 대표적인 사상인 기독교의 사랑愛, 불교의 자비慈悲, 그리고 유교의 서恕가 바로 공감이라 할 수 있다. 2

---

2 동서양의 대표적인 사상에는 이슬람교, 힌두교, 도교 등 더 많은 사상이 존재하지만 내 공부가 부족하여 이 세 가지 사상에 국한하고 있음을 밝힌다.

기독교의 사랑愛

기독교에서의 공감은 사랑愛으로 나타난다.

나는 성경책 곳곳에서 나타나는 "이웃 사랑하기를 네 몸과 같이 하라"는 이웃사랑 사상을 공감으로 보았다.

예수 탄생 이전의 구약과 탄생 이후의 신약 모두에서 성경은 '신을 향한 사랑', '나를 향한 사랑', 그리고 '이웃을 향한 사랑'의 세 가지 사랑을 전하고 있다. 하나님을 사랑하고 나를 사랑하듯이 이웃을 사랑해야 한다는 말이다.

이렇게 사랑이 가장 중요한 사상이라면 기독교의 율법으로 모세에게 전달한 십계명에 나왔을 법하다. 하지만 십계명에는 이웃사랑이 직접 명시되어 있지 않다. 이웃사랑은 별도의 계명이 아닌 것이다. 하나님을 향한 사랑과 동일하기에 별도의 계명이 필요하지 않다. 대신 제6~10계명까지 5개의 계명을 통해 이웃사랑을 실천하는 방법을 알려주고 있다.

구약성경 〈레위기〉에서는 "네 이웃 사랑하기를 네 자신과 같이 사랑하라"(〈레위기〉 19:18)고 했다. 〈레위기〉만

보아도 이웃사랑은 당시 율법이었음을 알 수 있다. 신약성
경에서는 4대 복음서를 비롯한 다양한 곳에서 여러 사도들
의 입을 통해 이웃을 사랑하라는 예수의 말을 인용한다.

〈마태복음〉과 〈마가복음〉에서는 "네 이웃을 네 자신과
같이 사랑하라"(〈마태복음〉19:19; 〈마가복음〉 12:31) 라고
한 예수의 말을 전한다. 그런데 그 이웃에 대한 사랑은 하나
님을 사랑하는 것과 같다. "네 마음을 다하고 목숨을 다하고
뜻을 다하여 주 너의 하나님을 사랑하라"(〈마태복음〉22:37)
고 하면서 그와 같이 너의 이웃에게도 그렇게 하라(〈마태복
음〉22:39) 고, 즉 "네 이웃을 네 자신같이 사랑하라"라고 하
였다.

〈누가복음〉에서는 한 율법교사와의 질의응답을 통해 이
웃사랑을 강조한다. 율법교사가 "네 마음을 다하며 목숨을
다하며 힘을 다하며 뜻을 다하여 주 너의 하나님을 사랑하
고 또한 네 이웃을 네 자신같이 사랑하라"(〈누가복음〉
10:27) 고 율법에 써 있다고 답하자, 예수가 그 말이 맞으니
"이를 행하라"(〈누가복음〉10:28) 고 말하여 율법교사가 스
스로 깨닫도록 이끌었다고 전하고 있다.

사도 요한은 '네 이웃을 사랑한 것은, 하나님을 사랑하는 것'이라고 가르친다. "서로 사랑하라. 내가 너희를 사랑한 것같이 너희도 서로 사랑하라"(〈요한복음〉 13:34) 라고 그는 말한다. 이웃이 처한 상황을 자신이 처한 상황이라고 생각하고 그때 느낄 감정을 그대로 느끼고 행동하라는 것이다. 이것이 바로 공감이 아니면 무엇인가.

예수의 형제로 알려진 야고보는 "성경에 기록된 대로 네 이웃 사랑하기를 네 몸과 같이 하라 하신 최고의 법을 지키는 것"(〈야고보서〉 2:8) 이 '잘하는 것'이라고 하면서 다른 사람을 차별하여 대하지 말라고 믿음의 형제들에게 일러준다.

하나님의 말씀을 전하는 사도 바울도 "네 이웃 사랑하기를 네 자신같이 하라"(〈갈라디아서〉 5:14) 라고 하신 말씀에서 율법이 이루어졌다고 하면서, 자유를 방종하지 말고 "오직 사랑으로" 서로를 섬기라고 말했다(〈갈라디아서〉 5:13). 또한 〈로마서〉에서는 "네 이웃을 네 자신과 같이 사랑하라 하신 그 말씀 가운데 다 들었느니라"(〈로마서〉 13:9) 라고 하면서 "사랑은 율법의 완성"(〈로마서〉 13:10) 이라고 가르친다.

이처럼 이웃사랑은 당시 시민의식의 기본이었고, 그 내
용은 이웃의 상황을 공감하라는 것이었다.

불교의 자비慈悲

불교에서의 공감은 자비慈悲로 나타난다.

자비는 사전적 정의에 의하면 남을 사랑하고 가엾이 여
기는 것이다. 마음 심心 자가 들어 있는 자慈는 사랑이다.
무아無我 사상을 바탕으로 즐거움을 주고 고통을 제거해 주
는 어머니의 마음과 같은 지극한 사랑을 말한다.

불교에서는 공감에 가장 부합하는 개념으로 자비를 들고
있다(박인석, 2015: 347). '동체대비同體大悲'라는 말로 나타
내기도 하는데, 이는 깨달은 자인 붓다Buddha, 佛가 중생의
고통을 자신의 것처럼 함께 느끼면서 중생의 고통에 공감
함을 뜻한다. 불교 교리로서 자비慈悲는 자慈와 비悲 두 글자
를 붙여 만든 합성어이다. 자慈는 사랑하는 마음을 갖고 중
생에게 즐거움을 주는 것이고, 비悲는 불쌍히 여기는 마음

을 가지고 중생의 고통을 없애 주는 사랑이다. 즉 중생의 걱정과 슬픔, 고통을 뿌리째 뽑아 즐거움과 기쁨을 주는 사랑이 담긴 마음이 자비인 것이다.

자비는 관세음보살이 관장한다. 관세음보살은 대자대비大慈大悲한 마음으로 중생을 보살피는 보살이다. 《관음삼매경》에 의하면 관세음보살은 석가모니 전세의 스승이었다. 그는 인간의 고통을 깊이 이해하고 이에 공감하기 위해 부처로 성불하지 않고 인간세계에 남아서 인간 곁에서 자비를 관장하는 성인이다. 부처의 길에 들어서서 다 깨우쳐 이제 곧 부처가 될 수 있는데도 중생을 모두 구제할 때까지 부처가 되기를 잠시 보류하고 중생과 함께 중생의 세계에 머물면서 자비를 몸소 실천한 것이다. 붓다는 고통을 느끼는 차원에서의 공감에 머무르는 반면, 관세음보살은 그 처지에 함께 있어야 비로소 이루어짐을 일찍이 깨달았다(남경희, 2004: 51). 그래서 성불이 되기를 거부하고 스스로 보살이 되어 중생의 곁에서 중생의 처지에 함께하기로 했다. 이것이 바로 공감이다. 그렇기에 자비는 곧 공감으로 통한다.

관세음보살을 비롯한 불교의 보살은 "타인의 고통을 덜

어 주자고 하는 공감하는 마음"인 대비심大悲心을 갖고 타인의 고통을 구제(박인석, 2015: 355)하는 성인이다. 중생을 구제하는 보살이 행하는 기본적인 행위들 중에서 동사同事는 공감에 부합하는 동체대비同體大悲에 근거를 둔 개념이다. 보살이 중생과 일심동체가 되어 고락을 함께하고 화복을 같이하면서 그들을 깨우치고 올바른 길로 인도하는 적극적인 실천행위가 곧 동사다. 불교의 자비행慈悲行 가운데 가장 적극적이고 가치 있는 실천 방법이지만, 쉽게 실천하거나 쉽게 이룰 수 있는 행위는 아니다. 타인의 고통에 공감하여 그들이 고통받지 않기를 바라는 자비심을 실행(박인석, 2015: 358)하는 것이 쉬운 일이 아닌 탓이다.

우리 역사에서는 원효대사가 동사를 가장 잘 지킨 스님으로 여겨진다. 원효는 거지나 땅꾼처럼 소외받는 계층과 함께 생활하면서 어린아이부터 노인에 이르기까지 불교의 참된 가르침을 심어 주고자 노력했다. 이와 같이 자비는 중생과 하나가 되려는 마음에서 출발하여, 나와 중생이 결코 둘이 아니라는 자타불이自他不二의 진리를 체득하고 중생과 한 몸이 되어 생활함으로써 모든 중생을 부처의 경지에 이르도록 하는 데 목표를 둔다(한국민족문화대백과사전, 2022).

자비심은 단순히 불교의 교리를 넘어 사회의식의 기본이었으며 중생과 하나 됨으로써 공감을 수행하는 것이 그 내용이었다.

유교의 서恕

유교에서의 공감은 서恕로 나타난다.

공자는 사람이라면 평생 꼭 실천해야 할 한 가지 덕목으로 서를 꼽았다. 《논어論語》 제15편 〈위령공衛靈公〉에 따르면, 제자인 자공子貢이 공자에게 평생 실천해야 하는 덕목을 하나만 말한다면 무엇인지 묻자, 공자는 "그것은 '서'로다. 자기가 원하지 않는 것을 남에게 하지 않는 것이다其恕乎 己所不欲 勿施於人"라고 답했다(〈위령공〉, 23).

역으로 해석하면 스스로에게 하듯 대하라는 뜻이다. 다른 사람과 나의 입장을 바꾸어 생각해 보라는 뜻이기도 하다. 결국 서는 다른 사람의 처지에 대한 이해와 공감을 강조하는 인간의 도리이자 윤리도덕의 덕목이다. 서의 중요성에 대해서는 제4편 〈이인里仁〉에서 다시 한 번 강조되는데, 증자는 여기서 "선생님의 도는 충과 서일 뿐이다"(〈이인〉, 15)라고 짚어 준다.

서恕는 글자 그대로 '헤아려 동정하다'라는 뜻을 담고 있다. 나는 이 언어적 해석을 살펴며 공자 사상의 핵심이 공감에 있다고 보았다. 공자의 서는 사람이라면 나의 마음으로 다른 사람의 마음을 헤아려, 그 마음을 느끼고 알아내서 다른 사람들과 공감하는 삶을 살아야 한다는 가르침이다.

다산 정약용도 《논어고금주論語古今註》에서 '서'를 해석하면서 "남의 마음 헤아리기를 내 마음과 같이 하는 것"이 바로 서라고 보았다(엄국화, 2021: 89). 즉 서는 공감과 다름없는 개념이다.

공자는 여러 제자들에게 공감의 개념을 다각도로 제시한다. 나는 그중 달達, 긍矜, 서恕 이 셋이 공감에 가장 적합한 개념이라고 생각한다. 공자는 헤아려 동정하고 아끼고 불쌍히 여기되, 자신을 깨닫는 경지에 달해야 하고[달達], 자신이 괴로울 정도로 불쌍히 여기되[긍矜], 그로 인해 상대방을 헤아려 아끼는 마음으로 다른 사람이 원하지 않는 것은 하지 말아야〔서恕〕 한다고 가르친다.

제 12편 〈안연顏淵〉에서 공자는 자장과의 대화에서 통달이란 인격 수양이 잘 되어 무슨 일을 하든지 잘 해냄을 말하는데, 특히 "남의 말을 잘 헤아리고 모습을 살필 줄 아는 것"이 달達이라고 말한다(〈안연〉, 20). 또 제 19편 〈자장子張〉에서는 역시 자장에게 "군자는 현명한 사람을 존경하되 범인도 포용하며 선한 사람을 칭찬하되 능력이 없는 이도 동정한다(긍矜)"라고 가르친다(〈자장〉, 3). 〈위령공衛靈公〉에서 "자기가 원하지 않는 것을 남에게 하지 않는(서恕)" 삶이 사람의 도리라고 강조한 것과 같은 맥락이다.

위의 세 가르침을 이어서 정리해 보면, 사람이라면 상대방의 말을 잘 헤아려 모습을 살필 줄 알고, 상대방을 포용하며, 약자의 마음을 그 마음 그대로 느끼고, 상대방이 원하지 않는 것은 내가 스스로에게 하고 싶지 않듯 그 마음을 헤아려 하지 말아야 한다. 앞서 설명한 공감의 느낌, 생각, 행동의 정의와 같다.

가장 유명한 말씀인 제 1편 〈학이學而〉에서도 공감을 설파한다. 공자는 "남이 자신을 알아주지 못할까 걱정하지 말고 내가 남을 제대로 알지 못함不知人을 걱정해야 한다"(〈학이〉, 16)라고 가르친다. 다른 사람에 대한 이해를 강조한 가르침이다. 다른 사람과의 관계에서 상대방이 나를 알아주기를 바라기보다 상대방을 제대로 살피고 파악하여 이해해야 함을 짚어 주고 있는 것이다. 인지적 공감이다.

그런가 하면 앞서 서恕를 정의한 '기소불욕 물시어인己所不欲 勿施於人'이 인仁의 실천으로 나타난다. 〈안연〉에서 공자는 제자 안연에게 인을 설명하며 인을 실천하는 사람은 "자기가 바라지 않는 일을 남에게 하지 말아야己所不欲 勿施於人"(〈안연〉, 2) 한다고 했다. 인의 실천이 곧 서恕인 셈이다. 달리 말해 서를 행해야 인을 달성할 수 있다. 공자의 핵심 사상으로 알려진 인仁은 공감이 가능한 사람이 도달할 수 있는 도의 경지이자 지켜낼 수 있는 도리다. 다산 정약용역시 서를 행하여 인을 이루고 서를 알아 인에 힘써야 한다고 하면서 서를 중심에 둔 '지행합일知行合一'을 강조했다(엄국화, 2021: 153).

서와 인의 관계는 계속 나타난다. 제6편 〈옹야雍也〉에서 자공에게 인仁이란 "자신이 서고자 할 때 남부터 서게 하고

己欲立而立人, 자신이 뜻을 이루고 싶을 때 남부터 뜻을 이루게 해 주는 것己欲達而達人으로 이해된다. 자신이 원하는 바를 미루어 남이 원하는 것을 이해하는 것, 즉 능근취비能近取譬가 바로 인의 실천 방법이다"(〈옹야〉, 28)라고 답한다. 이때의 능근취비는 앞서 서恕의 정의와 맥을 같이한다(공자, 1999: 85). 결국 서는 인의 실천으로서 사람이라면 평생 실천해야 하는 덕목이다. 즉 사람이라면 다른 사람에게 공감하는 삶을 살아야 한다는 것이다. 앞서 논한 사회적 공감과 맞닿아 있다.

기독교, 불교, 유교의 공감 개념을 살펴본 결과 동서양을 막론하고 공감은 타인을 향한 사랑을 바탕으로 한다는 점을 알 수 있었다. 시대와 공간을 뛰어넘는 기독교의 사랑은 불교에도 있고 공자의 가르침에서도 나온다. 자비의 불교에서는 자慈가 곧 사랑이다. 이는 사람에 대한 사랑에서 비롯된 가치로, 결국 공감은 사랑인 셈이다. 공자의 가르침에서는 인仁이 곧 사랑이라고 했다. 번지가 인에 대해 묻자 공자는 "사람을 사랑하는 것, 곧 애인愛人"(〈안연〉, 22)

이라고 답한 바 있다. 유교의 인은 인간을 인간답게 하는 본질로서 유교의 최고 덕목으로 알려졌다. 그런 인을 서_恕의 실천, 즉 공감의 실천이라고 한 것은 인간이 인간으로서 갖추어야 할 본질이 곧 공감이라는 말이나 다름없다. 한발 더 나아가 그 공감의 실천인 인은 사랑이므로, 결국 공감은 사랑과 똑같다.

이와 같은 맥락에서 기독교의 애, 불교의 자, 유교의 서 모두 사람을 사랑하는 데에서 비롯되었음을 알 수 있다. 결국 공감은 사랑인 것이다.

2장

공감은 어떻게

How does empathy work

공감은 다른 사람의 감정과 생각을
인정하고 수용한 것을 전달하는 과정에서
진실성과 진정성을 가지고 소통하도록 한다.

공감은 어떻게 작용하는가.

　공감이 발현되고 작용하려면 상대방의 느낌과 감정, 생각과 그 의미를 이해한 뒤 인정하고 수용하는 과정이 우선되어야 한다. 그리고 이해하고 인정하고 수용한 바를 상대방에게 전달하는 행동이 뒤따라야 한다. 여기까지가 공감의 발현이다.

　이 공감이 공감으로서 작용하려면 감정을 전달하는 행동의 과정에서 진실성과 진정성이 전해져야 한다. 쉽게 말해 진심을 전해야 한다는 뜻이다.

　앞서 공감은 상대방의 감정을 공개적으로 수용하고 인정하고 전달하는 능력이라고 했다. 공감의 능력은 타인을 이해하는 능력을 전제로 한다. 그리고 이는 자기 자신을 받아들이는 능력에 기초한다(양옥경 외, 2018: 365). 그런데 그 자신을 받아들이는 능력은 잘난 점만을 받아들이지 않고 부족하고 취약한 점까지도 받아들여야 함을 의미한다.

공감의 발현

그렇다면 공감은 언제 나타나는가.

리프킨은 "스스로의 영혼을 가두고 본성을 묶어 놓은 상태에서는 세상에 참여하여 의미 있는 표현을 할 수 없다"라고 하면서 자신의 취약함과 고통을 인정할 때만 다른 사람의 취약함과 고통에 공감할 수 있다고 지적한다(리프킨, 2010: 200). 모든 감정적 요소를 다 열어 놓고 약하고 부정적이고 고통스러운 것까지도 온전히 받아들이는 상태에서라야 비로소 자유로울 수 있으며, 그 자유로운 상태에서 타인과의 공감이 이루어질 수 있다는 말이다.

공감하고 있음을 느끼게 되면, 상대방과 동질성을 나누고 거기에 기초해 신뢰를 가지게 되며, 경계가 풀리면서 자신을 자연스럽게 더 노출하게 된다. 자기를 평가하지 않게 되고, 두려움이 없어지며 부정적인 비판을 하지 않게 된다. 불필요한 자기방어를 하지 않음에 따라 진실한 의사소통이 가능해진다(양옥경 외, 2018: 364).

공감은 관계를 형성하고 유지하는 데 매우 중요한 역할을 한다. 공감은 자신이 도움을 주는 관계를 움직여 나갈 때 중심이 되는 기술이라는 바스티안E. A. Vastyan의 주장(리프킨, 2010: 245)은 공감적 관계를 주 도구로 삼는 사회복지사들에게 힘을 실어 준다.

칼 포퍼Karl Popper는 문제 속으로 들어가서 그 문제의 일부가 되는 것이 새로운 이해를 얻을 수 있는 가장 유용한 방법이라고 했다(리프킨, 2010: 264에서 재인용). 그는 자신이 아니라 자신이 이해하고 싶은 것이 될 때 가장 완벽한 이해가 이루어진다고 하면서 그 상태가 바로 공감의 상태라고 말한다. 즉 공감은 감정을 완전히 이입한 상태다. 이런 맥락에서 볼 때 공감과 감정이입은 하나다. 상대방이 느끼는 그 고통이 곧 나의 고통이라고 느끼는 것이다. 그렇기 때문에 공감에는 윤리적 고려가 필요하다. 공감윤리학이 중요하게 논의되어야 할 이유이다.

사회복지사가 갖추어야 할 윤리적 가치관에서도 공감은 중요한 덕목이다. 공감은 타인을 자신과 같은 하나의 인격체로 인정하게 되는 과정으로서 사회복지사가 지녀야 하는 기본 태도이자 실천기술이다. 전문가로서 사회복지사가 품는 공감은 상황에 따라 바뀌지 않는다. 따라서 타인에게 의미를 부여하는 데에서 공감이 지닌 윤리적 성격이 드러나게 되고, 이런 윤리성은 공감의 본질적인 요소가 된다(박인철, 2012: 101).

　사실 그런 측면에서 공감이나 감정이입은 윤리성이 담보될 때 실행해야 한다. 감정이입을 통해 상대방을 그대로 경험하는 행위니 말이다. 대화를 통해 상대방이 겪는 고통과 그가 지닌 취약점을 정서적으로 다 끄집어낸 상태에서 이입된 감정이 비윤리적으로 또는 부정적으로 사용된다면 서로에게 문제를 일으킬 수 있다. 따라서 앞서 공감이 무엇인지 정의하며 살펴보았듯이, 공감은 사랑을 바탕으로 이루어져야 함과 동시에 사회적 책임을 동반한다는 사실을 강조하지 않을 수 없다. 공감을 향한 윤리적 가치의 지향 역시 사랑과의 연관성을 통해 발현되어야 할 것이다.

감정의 의사소통, 공감

공감은 감정을 바탕으로 의사소통하는 행위다. 사회복지사들은 의도적으로 감정 표현을 하면서 클라이언트의 느낌, 정서, 감정 등을 클라이언트로부터 끄집어내고 그에 기초해 클라이언트와 의사소통을 한다. 클라이언트에게 통제된 정서적 관여를 할 수 있는 사회복지사는 민감성이 높은 전문가로서 클라이언트의 감정에 대한 완전한 이해, 통제 및 조절이 가능하고 책임감이 있으며 이해에 근거한 정서적 반응과 공감에 기반을 둔 지지를 제공한다.

공감하면서 경청하고, 경청하면서 공감하며 그에 근거하여 진실성과 진정성을 가지고 소통하는 것이다. 이와 같은 정서적 소통은 라포rapport를 형성하는 데 절대적이다. 라포는 전문가가 클라이언트와 맺는 상호 긍정적인 친화관계로서 조화, 공감, 화합의 상태(양옥경 외, 2018: 245; 299)를 말한다.

이와 같은 공감은 사회복지 분야에서는 사회복지사들이 오랫동안 가장 자연스럽게 활용해 온 전문 기술로 자리 잡았다. 공감을 실천의 기술로 이해하다 보니 사회복지사들은 공감보다는 감정이입이라는 맥락에서 empathy를 해석해 사용하고는 한다. 그래서 공감은 사회복지사에게는 너무나도 자연스러운 개념이고, 감정이입의 기법이나 라포를 형성하기 위해 전제되어야 하는 절대적인 것으로 여겨진다. 공감은 기술이면서 사회복지 전문가로서 가져야 할 기본 태도이자 실천윤리인 셈이다.

공감에 바탕을 둔 의사소통은 사회복지사가 클라이언트의 입장에 서서 클라이언트가 느끼는 감정, 사고, 행동, 동기 등과 같은 클라이언트의 경험을 민감하게 그리고 주의 깊게 이해하면서 실천하는 소통 방식이다(카두신, 2000; 엄명용 외, 2020: 22). 공감에 바탕을 두었다는 말은 감정이입의 상태에서 클라이언트와 의사소통하고 있음을 의미한다.

'소통해야 공감'이라고 이미 프롤로그에서 언급했다. 공감의 상태에서 감정이입에 성공한 사회복지사는 클라이언트와 동일한 경험을 공유하면서 문제해결을 위한 노력을 함께 기울인다. 이때 공감적 소통이 일어난다. 순간순간 클라이언트가 느끼는 감정의 흐름을 미묘한 수준까지 파악하고 표면적인 감정은 물론 내면적 감정 흐름의 강도와 폭 등을 충분히 파악하는 것이 공감적 의사소통의 수준이다(엄명용 외, 2020: 25).

공감적 의사소통을 위해 사회복지사는 클라이언트의 이야기를 적극적으로 경청하는 자세가 필요하다. 경청기술이 절대적으로 중요한 이유다. 라포를 형성하기 위하여 클라이언트의 이야기를 인내하며 들어주고, 이야기하는 내용과 감정에 공감하고 들을 수 있어야 한다. 클라이언트의 감정과 생각에 충분히 공감하고 이를 반영하는 기술이 공감기술이다(엄명용 외, 2020: 251).

사회복지사가 현장에서 클라이언트에게 관여할 때 가장 중요하게 쓰는 기술로 의사소통과 관계를 꼽을 수 있다. 이 의사소통과 관계에 절대적인 영향을 미치는 것이 바로 공감이다. 왜냐하면 사회복지사는 클라이언트의 느낌과 정서

등 감정을 가지고 의사소통하기 때문이다. 사회복지사는 클라이언트가 의도적으로 감정을 표현하도록 독려하는 한편 자신의 정서적 반응은 가급적 통제된 상태로 관여한다. 이를 위해 사회복지사는 민감성을 갖고, 감정에 대해 완전히 이해하며, 그 이해에 근거하여 통제되고 조절된 반응을 하게 된다. 이것이 공감적 기술이다.

공감의 체험

공감은 감정적이고 인지적으로 체험한 내용을 행동으로 나타내는 과정에서 "미묘한 균형감각을 필요로"(리프킨, 2010: 217) 한다. 한 개인이 다른 개인이 표현하는 감정과 정서를 감정적으로, 또 인지적으로 체험하는 과정에서 얼마나 정교한 균형감각을 가져야 상대방의 감정 상태에 빠지지 않고 다시 자기 자신으로 돌아올 수 있을지, 이 균형감각을 갖기 위해서는 무엇을 어떻게 해야 하는지 생각해 볼 필요가 있다.

균형감각을 유지하기 위해서는 가장 먼저 자기 자신을 정확하게 인지해야 한다. 그다음으로 상대방으로부터 심리적인 거리를 두고 자기 자신을 유지할 필요가 있다. 마지막 단계에서는 그 심리적 거리의 공간 안에서 자기 자신의 감정과 반응을 통제한다. 이를 위해서는 상당한 훈련이 필요할 것임이 분명하다.

배우들은 자신이 맡은 배역을 정확하게 배우라는 취지에서 '배우'라는 이름이 붙었다는 말이 있을 정도로 역할을 맡으면 자기 자신이 실제 그 배역이 되는 수준까지 철저하게 공부한다. 그렇게 공부한 뒤 그 배역이 갖고 있는 감정을 자기 자신의 감정으로 만들어 완벽하게 감정이입하고 몰입하여 연기를 한다. 배역의 상황에 감정이입이 정밀하게 잘될 때 우리는 연기를 잘한다고 하고, 감정이입을 잘 해내는 배우를 가리켜 명배우라고 한다.

"비로소 너를 만나면 내가 나를 보는 거다"(문복희, 2008: 42) 라고 시인은 고백하고 있다. 너에게서 나를 보았고 나에게서 너를 보았다는 시인은 그가 상대방에 대한 공감을 완벽하게 해냈음을 알려 준다. 배우가 완벽하게 감정이입하여 연기를 해냈듯 시인도 상대방에게 완전한 감정이입을 해낸 것이다.

얼마 전 제 16회 반 클라이번 콩쿠르 결승에서 라흐마니노프 피아노 협주곡 3번을 완벽하게 연주하여 18세의 나이로 최연소 우승을 차지한 임윤찬이 장안의 화제가 되었다. "100년 전 작곡가와 접신接神한" 연주였다는 댓글(〈조선일보〉, 2022. 7. 20.)은 작곡가가 작곡할 당시 느꼈을 감정에 연주자도 공감하고 감정이입했을 때 명연주가 나온다는 사실을 알려 주는 좋은 사례다. 작곡가가 의도한 감정적 터치에 감정이입을 완벽히 해냈기에 지휘자는 감격의 눈물을 보였고 청중은 기립박수를 보냈다.

그런데 여기서 포인트는 연주자가 작곡가에게 감정이입하는 데에만 있지는 않다. 뒤따라 나오는 전문가들의 평가는 기교를 한껏 뽐내며 피아노를 연주하는 대신 오케스트라와 호흡을 맞추면서 자기보다 전체적인 음을 살려 주는 화합의 연주를 했다는 점을 높이 샀다. 결국 임윤찬은 두 번의 공감을 한 것이다. 한 번은 100년 전에 살았던 작곡가에 대한 감정이입의 상태이고, 다른 한 번은 현재 시점에서 협연하고 있는 오케스트라 전체와의 공감이다.

이와 비슷한 공감이 양응수(1700~1767)의 독서법에도 나온다. 독서가 너무 기뻐 손발이 덩실덩실 춤을 추게 할 정도라면 이는 "(글을 쓴) 옛사람의 뜻과 (글을 읽는) 지금 사람의 뜻이 서로 합치된 뒤라야 그렇다"(정민, 2013: 66) 는 것이다. 글쓴이의 생각이 평소 내가 생각하던 것과 일치할 때, 평소 궁금하던 것을 확실하게 알려 주었을 때, 기쁨이 벅차오르는 감정을 느끼는 것이다. 이 순간 글을 쓴 옛사람과 나 사이에는 거리가 사라진다. 글쓴이와의 감정이입 상태로서의 공감이다.

공감을 잘하기 위해서는 기본적으로 잘 들어야 한다. 상대방이 하는 말을 열심히 들어야 그 사람이 어떤 마음과 어떤 생각으로 그런 말을 하는지 알 수 있다. 잘 듣는다는 것은 소리 내어 하는 말뿐만 아니라 무언의 말도 잘 들어야 함을 의미한다. 상대방이 보여 주는 자세, 태도, 행동 등을 읽어 내어 상대가 무언의 말로 표현하는 것도 잘 들어야 한다는 뜻이다. 온 마음을 다하여 잘 듣고 잘 관찰하면 그 사람이 지금 어떤 느낌과 감정을 경험하고 있는지 알 수 있다.

박경리는 〈바다울음〉이라는 시에서 "바다 우는 소리를 들었는가"(박경리, 2000: 60) 라고 묻고 있다. 어느 날 바다가 파도소리를 낼 때 바다가 울고 있었기에 시인은 "바람이 불면" 철렁이는 파도소리를 "물을 치고 울부짖"는 울음소리로 들었던 것이다. 그날 시인은 온 마음을 다하여 바다가 울고 있는 소리를 들으며 바다와의 공감을 이루어냈다. "내가 힘들고 외로워질 때 내 얘길 조금만 들어준다면 어느 날 갑자기 세월의 한복판에 덩그러니 혼자 있진 않겠죠"(노사연의 〈바램〉 가사 중). 들어주기만 해도 괜찮을 것 같다고, 그러니 들어 달라고 시인은 울부짖는다. 잘 듣는 것은 공감적 소통의 기본 중 기본이다.

그렇다고 해서 공감이 항상 긍정적으로만 작용하지는 않는다. 부정적인 방향으로도 충분히 작용할 수 있다. 증오나 공포, 적대감에 동조하여 오히려 반윤리적 행위로 나아갈 수 있다는 주장(소병일, 2014: 219)도 있다. 그러나 앞서 말했듯이 비윤리적 상황에 대한 공감은 공감이 아니다. 그렇기에 공감의 발현을 정확히 이해하고 이를 긍정적으로 사용하는 것은 성숙한 공감의 차원에서 이해되어야 한다. 비도덕적이고 폭력적인 적대적 사고와 행위에 동의하며 보이는 반윤리적이고 반사회적인 공감은 단순히 동의에 그칠 뿐 절대로 공감이 될 수 없다. 공감윤리학의 중요성이 다시 한 번 강조되는 대목이다.

아, 그랬구나

공감은 어떻게 하나. 어떻게 공감한다는 뜻을 표현할 수 있
나. 공감의 정의를 비롯한 앞의 설명을 보면 공감이 어렵게
느껴질 수도 있다. 사회적 책임을 내포하고 있기 때문에 공
감은 물론 쉽지 않다. 그러나 일상생활에서의 공감은 전혀
어렵지 않다. 공감하려는 자세만 갖고 있다면 우리 모두는
언제든지 공감을 해낼 수 있다.

　TV 예능프로그램 중에 출연진에게 "그랬구나"라는 대사
를 하라고 지시하는 프로그램(MBC 〈무한도전〉)이 있다.

　'아, 그랬구나…'라고 말하면서 공감을 표하라는 것이
다. 말로만 그렇게 한다고 공감이 되겠느냐, 진심이 들어
있냐 등으로 반문하겠지만 출연자들은 모두 다 공감이 되
었으며 이해받는다고 느껴 좋았다고 했다. 내가 말하는 내

용을 누군가 듣는다는 것, 그리고 이에 동조하는 반응을 볼 수 있다는 것이 공감을 느끼게 해 주더라는 것이다. 이렇게 공감은 마음만 열려 있다면 쉽게 작용한다.

그러나 항상 '아 그랬구나'라고 맞장구치고 있을 수만은 없다. 이 말만 계속 반복하다 보면 '이렇게 하는 게 맞나' 하는 생각이 저절로 들게 될 것이다. 또한 상대방도 반복되는 동일한 말과 말투에 식상해져서 진심이 느껴지지 않는다고 여기게 될 것이다. 이보다는 내용을 조금 더 제대로 파악하고 더 진실하게 반응하면서 진짜 공감을 이루고 싶다고 생각하게 될 것이다.

이때 활용할 수 있는 소통 방법이 바로 '나 - 전달법 I-Message'이다.

공감 연습: '나 - 전달법'

나를 중심으로 소통하기 위한 가장 쉬운 방법이 바로 '나 - 전달법'인데, 나 - 전달법이란 내가 지금 얼마나 힘든 상황인지 상대방이 똑같이 느끼고 인지할 수 있도록 설득하는 소통 방식을 말한다.

옛말에 '말 한마디로 천 냥 빚을 갚는다'는 말이 있다. 말 한마디를 어떻게 했기에 천 냥이라는 엄청난 액수의 빚을 탕감받을 수 있었을까. 나의 처지에 대한 상대방의 공감을 얻어낸 그 말 한마디의 비법이 바로 나 - 전달법에 숨어 있다. 어찌 보자면 나의 상황에 관해서만 잘 말하면 되기 때문에 가장 쉬운 소통 방법일 수도 있다.

나 - 전달법은 상대방의 행동이 자신에게 미친 영향과 자신의 욕구를 잘 표현할 수 있는 기술이다. 분명하고 직접적인 메시지를 보내면서도 상대방이 그 메시지 때문에 방어적인 태도를 취하지 않도록 도움을 주는 기법이다. 특히 갈등적 논쟁이 벌어지는 상황에서도 상대방을 비난하지 않으므로 상대방의 저항을 불러일으키지 않고 상대방의 행동이나 말이 자신에게 어떤 영향을 끼치는지 효과적으로 알릴 수 있는 방법이다.

상대방을 비난하는 과정에서는 자기 자신도 결국 상처를 받을 수밖에 없다. 그러나 나-전달법은 그렇게 상황이 악화되지 않도록 막으면서도 자신이 경험하고 있는 실망, 좌절, 분노, 불안, 초조, 염려, 우울 등의 감정을 효과적으로 표현하고 전달할 수 있다.

나-전달법은 일반적으로 세 단계로 이루어진다(셰퍼·호레이시, 1998: 213). 첫 번째 단계에서는 상대방의 특정 행동을 나의 말로 간결하고 분명하게 묘사한다. '네가 이렇게 하였다'라고 정확하게 말해 주는 것이다. 두 번째 단계에서는 그 특정 행동으로 내가 어떤 감정을 경험했는지를 묘사한다. '네가 그렇게 해서 나는 그때 이런 감정이 들었다'라고 나의 말로 명료하게 말하는 단계다. 그리고 마지막으로 세 번째 단계에서는 그 행동이 나에게 미친 영향에 대해서 정확하게 묘사한다. '네가 그렇게 해서 내가 이런 감정이 들었고 이런 영향을 받았다'라고 사실대로 말하는 것이다. 이 영향은 감정의 변화일 수도 있고 행동의 변화일 수도 있다.

예를 들어보겠다. 어머니의 문자메시지를 계속 무시하고 답 문자를 보내지 않는 딸과의 대화이다.

대부분의 어머니들은 "너 왜 엄마 문자 무시하니? 집에서 걱정하는 엄마 생각은 안 하니? 너 계속 그럴 거지? 넌 도대체 뭐가 되려고 그렇게 엄마 말 안 듣고 밤중까지 밖으로만 돌아다니고 그러니? 너 내 딸 맞니? 이러다 내가 너 때문에 아마 제 명에 못 죽고 일찍 죽을 거다"라고 말한다. 이 말을 하는 동안 어머니는 한 번도 딸에게 말할 기회를 주지 않고 속사포처럼 쏘아댄다.

이런 대화는 '엄마는 네가 문자에 답을 안 해서 너무 걱정했어, 네가 사고를 당한 건 아닌지, 나쁜 상황에 놓인 건 아닌지 집에서 걱정만 하고 있었고 연락은 안 되고, 정말 힘들었단다'라는 상황을 알게 하려는 의도를 갖고 있다. 그러나 정작 이 말을 듣는 딸은 반항심만 느낄 뿐이다. 밖으로 표현된 감정이 너무 부정적으로 강렬하여 내면에 심어 둔 상대방의 의도를 짐작하기란 불가능하다. 이런 메시지는 너-전달법You-Message에 해당하는데, 상대방에 대한 비난, 평가, 훈계, 설교, 협박 등을 동원하여 의사소통하는 방식으로서 효과적이지 못하다.

나-전달법 대화에서는 갈등 상황을 〈그림 1〉과 같이 풀어간다.

딸에게 하는 말의 어감이 많이 부드러워졌음을 금방 알 수 있다. 위의 대화문에서 어머니는 설명을 거듭하는 과정을 통해 '네가 잘못했다기보다 내가 이렇게 느꼈고 내가 이렇게 반응하게 되었다'는 것을 딸에게 보여 준다.

몇 가지 더 살펴보자.

나-전달법의 1단계에서는 우선, 이름을 부르면서 대화를 하자고 초대하는 모습을 볼 수 있다. 이는 매우 중요한 과정이다. '내가 너와 함께 이야기를 나누고 싶다'며 상대방

〈그림 1〉 나 - 전달법 대화: 어머니와 딸

1단계

상대방의 특정 행동에 대한 나의 간결하고 분명한 묘사

A야, 네가 어제도, 오늘도
엄마 문자에 답을 하지 않았어.
오늘도 세 번이나 보냈는데 답을 해 주지 않네.

2단계

그 특정 행동으로 인한 나의 감정 경험의 명확한 묘사

네가 문자에 답을 하지 않으니까
나는 정말 걱정이 많이 되었어.
네가 사고를 당한 건 아닌지,
혹시 무슨 나쁜 일에 연루된 것은 아닌지.
그래서 네가 집에 들어올 때까지
불안하고 초조하고 힘들었단다.

3단계

그 행동이 나에게 미친 영향에 대한 정확한 묘사

네가 자꾸 통 연락이 없으니
내가 화도 나고 예민해지고, 식구들한테
신경질을 내거나 소리도 지르게 되네.

을 부르고, 여기로 와서 '나와 함께 이야기하자'며 대화에 초대하는 행동이기 때문이다. '너에 대해 지적하려는 것이 아니라 내 이야기를 들려주고자 하니 여기 와서 들어 달라'는 초청인 셈이다.

2단계에서 나 - 전달법으로 감정을 설명하는 장면은 앞서 너 - 전달법에서 마구 화만 내던 것과는 질적으로 다르다. 너 - 전달법에서는 딸을 중심으로 '네가 잘못했다'고 윽박지르고 지적하는 것이 전부였다면 여기서는 딸을 지적하는 내용은 전혀 없다. 너 - 전달법이 쓰인 대화를 가득 채운 딸을 향한 비난은 나 - 전달법에서 '내가 너를 걱정하는 마음 때문이었다'는 명료한 설명으로 대치되었다. 비난이 염려의 마음으로 바뀌는 순간이다. 그리고 '너'를 탓하는 게 아니라 염려하고 있던 사람이 '나'임을 알리는 내용이 주를 이룬다.

3단계에서는 '너' 때문에 속상해서 죽겠다고 엄포를 놓았던 이유가 어떤 상황 때문이었는지 정확하게 설명해 주고 있다. 화가 나서 예민해지다 보니 신경질이 난 탓에 딸한테 소리를 지르고 식구들한테도 신경질을 냈던 일이 속상한 마음을 어떻게 해서든지 스스로 달래 보려는 '나' 나름의 노력이었다고 차분히 말한다. 이제 '너 때문에 일찍 죽을 거'라는 근거 없는 협박은 사라지고 대신 '내가 이렇게 행동하게 된' 상황을 짚어 주는 내용으로 바뀌었다.

그렇다면 나 - 전달법은 어떻게 공감과 연결되는가. 너 - 전달법으로 대응한 어머니에게 딸은 이렇게 말했을 것이다.

"내가 언제 그랬어? 내가 언제 엄마 문자를 무시했다고 그래? 나 원래 문자에 답 잘 안 해. 엄마 문자에만 답 안 하는 거 아냐. 그리고 나 바빠. 엄마가 바깥일 해 봤어? 돈 버는 게 얼마나 힘든데 맨날 엄마 문자만 보고 즉각 답해야 해? 그리고 내가 문자에 답 안 했다고 엄마가 죽어?"

우선 딸의 말은 대부분 '내가 언제 그랬냐'고 하면서 자신의 행동을 부정하며 시작한다. 그런 상황 자체를 없던 일로 만들면서 자기 자신을 보호하고 있는 것이다. 너 - 전달법은 '너'의 잘못된 점을 지적하고 잘못을 비난하는 내용으로 가득 채워서 말하기 때문에 듣는 사람은 자연적으로 자기 자신을 보호하기 위해 방어적인 태도를 취할 수밖에 없다. 따라서 듣는 사람은 주로 부정denial 또는 자기합리화rationalization의 방어기제defense mechanism를 내세우면서 저항하게 된다.

반면 나‑전달법에 따라 소통하는 장면에서 딸은 역시 다르게 반응하게 된다. 어머니가 이성적인 태도로 부드럽게 자신의 입장을 말하는데 딸이 변함없이 어머니의 반응을 무시하면서 마구 부정적으로 쏘아붙일 수는 없다. 자기방어를 할 필요가 없어졌기 때문이다. 그래서 이렇게 공감 어린 반응을 보이게 된다.

〈그림 2〉는 나‑전달법을 사용한 어머니에게 딸이 보인 공감적 반응이다. 딸은 우선 자신의 행동으로 인해 어머니가 많이 걱정한다는 것을 알고 어머니의 마음과 생각에 공감하고 있다. '아, 엄마가 그렇게 생각할 수도 있겠구나. 아, 엄마가 이렇게 걱정하면서 힘들었겠구나'라고 말하면서 어머니의 상황을 몰랐는데 이렇게 설명해 주니 이제 알게 되었다고 답한다. 그리고 '나라도 그런 반응을 보일 수 있겠다'라고 고백하면서 다음부터는 그렇게 하지 않겠다는 결심까지 알려 준다.

〈그림 2〉 나 - 전달법 대화: 딸의 공감적 반응

공감적 반응

아, 내가 문자에 답장을 안 해서
엄마가 걱정이 많았구나.
나는 엄마가 그렇게 걱정하는 줄 몰랐지.
'바빠서 문자 못 하나 보다'라고 생각할 줄 알았어.
그렇게 걱정하다가 계속해서 걱정이
없어지지 않으니까 신경질도 나고 그랬구나.
엄마가 왜 그렇게 별것도 아닌 걸로
식구들한테 신경질을 냈는지 이제 이해가 되네.
나도 엄마가 내 문자에 답 안 하면 걱정스럽고
화도 나고 그럴 것 같아. 이제 문자가 오면
조금 더 신경 써서 답해보도록 할게.

나-전달법 대화

1단계
엄마, 그런데 엄마가 사실 문자를
정말 많이 보내더라고.

2단계
나 일할 때 정말 바빠서 문자를 잘 못 봐.
그런데 엄마가 자꾸 문자를 보내고
답장하지 않는다고 하니까 짜증이 나더라고.

3단계
그러다 보니 점점 엄마 문자를 무시하게 되고.

공감은 어떻게

그러면서 어머니도 자신의 상황을 이해해 달라고 도움을 요청한다. 딸도 마찬가지로 어머니를 부르면서 이 대화에 초대하고 있다. 대화의 후반부에서는 딸이 어머니에게 나-전달법을 사용한다. 문자를 많이 보내는 어머니의 행동을 묘사하는 1단계, 그 행동으로 인해 생겨난 나의 짜증나는 감정을 설명하는 2단계, 마지막으로 그 감정 때문에 문자를 무시하는 행동을 보였다고 말하는 3단계가 그것이다. 이렇게 나-전달법에 의한 대화는 계속 이어진다. 그러면서 공감도 지속된다.

아마도 어머니와 딸은 이런 말을 주고받으며 대화를 마무리할 것이다.

"아, 그런 마음이었구나. 네가 많이 바빠서 그런 거였구나. 이렇게 내 마음을 이해해 주어 고맙다. 그러면 앞으로는 한두 번 정도 보내 놓고 너의 답 문자를 기다릴게. 대신 너도 꼭 답해 주면 좋겠어, 한 문장이어도 돼. 내가 걱정하지 않게만 해 줘."
"예, 알겠어요, 엄마. 이모티콘이라도 보낼게요."

"사랑해, 내 딸!"

이처럼 나 - 전달법으로 어머니와 딸 사이의 공감은 확실히 이루어졌다.

깻잎절임과 공감

예를 하나 더 들어 보겠다.

요즘 회자되고 있는 유명한 깻잎절임 반찬 떼어주기 상황이다. 이것은 내가 이미 〈이대학보〉 교수칼럼에서 한 번 다루었던 사례3이다.

애인 사이의 남녀(A, B)가 식탁에 나란히 앉아 있고, 맞은편에는 B의 동성 친구(C)가 앉아 있다. 셋은 즐겁게 이야기를 나누며 맛있게 식사하는 중이다. 앞에 놓인 깻잎절임 반찬에서 C가 깻잎을 떼내지 못하자 A가 C를 도와주기 위해 아래쪽 깻잎을 자신의 젓가락으로 잡아 준다.

---

3 〈이대학보〉, "공감의 힘", 2022. 3. 28., 1636호.

그러자 B가 A에게 '네가 왜 반찬 잡는 것을 도와주느냐'
며 '너는 내가 아니라 내 친구한테 더 관심이 있는 거 아니
냐, 너네 둘이 사귀냐'라면서 따지고 든다. A는 '그게 별거
냐, 앞에 앉아서 반찬 집느라 애쓰고 있길래 네 친구라서
도와준 건데 왜 나한테 화를 내느냐, 반찬 잡아 주는 게 사
귀는 거냐'며 맞받아친다.

그러자 C는 A에게 '왜 그랬느냐, 내가 언제 깻잎을 잡아
달라고 했느냐'라고 하고, B에게는 '우리 아무 사이도 아니
다, 무조건 내가 미안하니 화내지 말라'라며 호소한다. A는
'그런 사소한 행동을 두고 그렇게 예민하게 굴면 어떡하느
냐, 네 친구가 불편해 하지 않느냐, 너 때문에 분위기도 기
분도 다 망쳤다, 너는 항상 이런 식이다'라고 짜증을 낸다.

결국 즐거웠던 저녁식사 자리는 서로 짜증만 내는 국면
으로 치달으면서 끝난다.

영화 〈모가디슈〉에서도 깻잎절임 반찬의 끝을 잡아 주
는 장면이 나온다. 모가디슈의 깻잎절임 반찬과 온라인상
의 깻잎논쟁. 공감의 힘과 깻잎 떼어 주는 것이 무슨 관계

가 있는지 의아하겠지만 이 장면이야말로 공감의 상황이 잘 반영된 사례다.

영화에서는 마주 앉은 상대방이 깻잎을 떼어내기 어려워한다는 것을 알고 그 난감한 느낌을 교감한 후 그 상황을 빨리 벗어나도록 도와준다. 내가 그런 상황이었다면 얼마나 난감했을지 상대방과 똑같이 느낄 수 있었기에 그런 행동을 보인 것이다. 영화를 감상하던 우리도 비슷하게 그 감정을 느꼈다. 많은 사람들이 영화의 깻잎 장면에 공감한다는 뜻을 보였다. 이것이 공감이다.

반면 깻잎논쟁에서는 공감해야 할 대상이 깻잎을 떼어내는 사람이 아니라 아내나 남편, 남자친구나 여자친구 등 나의 행동에 영향을 받을 나의 파트너라는 점에 주목할 필요가 있다. 깻잎을 떼어 주는 것이 무슨 문제가 되느냐는 입장을 가진 사람도 있겠지만, 깻잎논쟁에서는 내가 교감하고 공감한 결과를 행동으로 옮겨야 하는 대상이 깻잎절임을 먹으려는 사람이 아니라 내 옆에 있는 나의 파트너라는 점을 인지할 필요가 있다.

깻잎 떼어내기를 도와줘야겠다고 판단했을 때 나의 파트너가 갖게 될 감정을 배려하여 행동했어야 한다는 말이다. 파트너와의 관계가 내게 지니는 중요성이 간과되었기에 그 행동은 나의 파트너로부터도, 그 장면을 접하는 많은 사람들로부터도 공감을 얻기 어려웠다. 이렇듯 공감하는 과정에서는 상대방과의 관계에 기초한 소통이 중요하다.

A와 B의 대화를 나 - 전달법을 사용해서 다시 구성해 보겠다. 1단계에서는 상대방의 행동을 분명하게 묘사한다. '네가 이렇게 하였다'라고 정확하게 말하는 것이다. 2단계에서는 상대의 행동으로 내가 어떤 감정을 경험했는지 설명한다. '네가 그렇게 해서 이런 감정이 들었다'라고 명확하게 밝히는 단계다. 마지막으로 3단계에서는 그 행동이 자신에게 미친 영향에 대해 정확하게 전달한다. '네가 그렇게 해서 내가 이런 감정이 들었고 이런 영향을 받았다'라고 사실대로 말하는 과정이다. 이 영향은 감정의 변화일 수도 있고 행동의 변화일 수도 있다.

〈그림 3〉과 〈그림 4〉는 각각 B의 말과 나 - 전달법을 사용해서 대꾸하는 A의 말이다.

〈그림 3〉 나 - 전달법 대화: B의 말

1단계

A야, 네가 또 지금 C의 깻잎을 떼어 주려고 젓가락으로 잡아 주었거든. 그런데 내가 이렇게 하는 거 싫다고 지난번에도 말했어. 그런데 오늘 내 친구 C한테 또 그렇게 하네.

2단계

네가 나 아닌 다른 사람에게 관심을 갖고 보고 있다가 반찬을 잡아 주었다고 생각하니까 정말 화가 많이 났어. 네가 나 아닌 내 친구한테 관심을 갖는 것은 아닌지, 내가 싫어진 건 아닌지, 나를 무시하는 것은 아닌지, 정말 별별 생각이 다 들었어. 그러면서 내가 무시당하는 느낌이 들었고, 불안하고 속상한 마음에 힘들었어.

3단계

내가 싫다고 하지 말라고 했는데도 네가 자꾸 그렇게 하니까 두 사람 사이를 오해하게 되고 화가 나서 예민해지기도 하고, 신경질 내거나 소리를 지르게 되네.

아, 그런 기분이었고 그래서 기분이 나빴겠구나.
나는 C가 너의 친구니까 너한테 해 주듯이
C에게도 잘해 주면 네가 좋아할 줄 알았지.
그까짓 깻잎 잡아 주는 게 그렇게 문제가 되는 줄
몰랐네. 그리고 내가 한 행동이 너를 싫어한다거나
너를 무시한다거나 그런 뜻은 절대 아니야.

그런데 네가 그런 생각이 들었다면
내가 해서는 안 되는 행동이었네.
네 말을 듣고 보니 나도 네가 내 앞에서
내 친구한테 막 관심 보이고 친절하게 해 주면
너처럼 오해할 수도 있겠다는 생각이 든다.

그러니까 B야, 이제 나는 네가 말한 대로 다시는
다른 여자들에게 관심 갖지 않을게. 그런데 너도
나를 오해하지 말고 우리의 관계를 조금 더
믿어 주고 덜 예민하게 반응하면 좋을 것 같아.
그러면 나도 불필요하게 오해하고
화를 내는 일이 없을 것 같아.

결국 둘의 대화는 B와 A가 다음과 같이 말하면서 마무리될 것이다.

"네가 내 마음을 이해해 주고 앞으로 배려하는 행동을 보이겠다고 해 주니 고마워. 나도 막 화내지 않고 상황을 살피면서 행동할게."

"이렇게 내 마음을 알아주니 고맙고 내 말을 믿어 주니 고마워. 그리고 우리가 서로 관계를 잘 이어가기로 합의해서 기쁘다."

이로써 A와 B 사이의 공감은 확실히 이루어졌다.

3장

공감은 어떤 영향을

What is the impact of empathy

공감은 다른 사람에게
큰 힘을 부여한다.

공감은 상대방에게 큰 힘을 준다.

앞서 딸과의 대화 사례에서 보여 주었듯이 나 – 전달법을 통해 어머니를 대상으로 공감을 경험하게 된 딸은 자신을 방어하고 보호하느라 저항하기보다는 어머니에게 자신의 상황을 말하고, 그로 인한 자신의 감정과 행동을 설명하면서 어머니의 공감을 이끌어낸다.

이 과정에서 자기 자신을 통제하는 어떤 힘을 갖게 되고, 두 사람은 서로의 감정과 행동에 계속 공감하며 대화를 이어나간다. 그러면서 자신이 하고 싶은 말을 부정적인 지적이 아니라 긍정적인 요청의 형식으로 전달한다.

딸은 어머니에게 문자 메시지를 적게 보내 달라고 요청하고, 어머니는 딸에게 답장을 달아 달라고 말하면서 어머니와 딸이 주고받는 말들은 공감적 대화로서 힘을 가지게 된 것이다. 상대방이 보내 주는 공감 가득한 메시지로 인해 상대방과 대화할 수 있다는 믿음이 생겼고, 이는 고스란히 내적 힘이 되었다. 이것을 '임파워먼트'라고 한다.

임파워먼트와 공감

임파워먼트는 강점, 도전, 탄력성, 역량, 자원, 파트너십, 협력의 7가지 개념으로 이루어진다(양옥경 외, 2018: 135~148). 이 개념들이 하나로 어우러져 상대방에게 힘을 갖게 해 준다. 이것을 전문용어로 '임파워링한다'고 한다. 각 개념들은 임파워링하기 위한 필수 요소들이다.

임파워링에서 가장 중요한 것은 강점, 즉 힘strength이다. 모든 사람에게는 선천적 힘이 있다. 그것도 그냥 힘이 아니라 강력한 힘, 강점이다. 누구나 빠짐없이 강력한 힘을 갖고 있다는 뜻이다. 우리가 흔히 말하는 장점이 아니라 강점이라는 데 주목해야 한다. 임파워먼트는 이 강점에 초점을 두고 있으며, 사람은 모두 강점을 갖고 있다고 본다. 어떤 사람은 강점을 항상 겉으로 드러내어 보여 주지만 어떤 사람은 강점을 안에 숨겨 둔다. 이렇게 숨겨진 힘을 우리는 잠재력이라고 한다. 그리고 이 잠재력은 꼭 필요할 때 그 힘을 발휘한다. 이 힘을 알아보는 눈이 '강점관점'이다.

강점관점은 사람을 사람으로 대하고 존중하는 인간존엄의 기본 시각이다. 상대방을 강점관점으로 보면 그의 잠재력을 인정하고 지지할 수 있으며 상대방이 그 잠재력 안에서 자기 자신에 대한 결정권을 갖는다는 것을 인정하게 된다. 그 잠재력을 통해 사람은 긍정적으로 성장할 수 있는 가능성을 강화하고(Weick, 1992; Saleebey, 1996) 미래를 향해 전진한다. 현재 상황을 검토해서 미래를 탐색하는 것이다. 이때 미래를 탐색하는 과정에서 미래를 설계하기 위한 사회정의의 힘도 함께 탐색하게 된다. 이런 맥락에서 강점관점은 '인간존엄과 사회정의'로 요약되는 사회복지의 기본 가치와 맥을 같이한다.

강점관점을 갖게 되면 문제가 도전challenge이 된다. 문제를 바라보는 시각이 180도 달라지는 것이다. 강점관점 아래에서 문제는 부정적으로 나를 괴롭히는 것이 아니라 나의 잠재력을 발휘하여 나를 성장시키는 긍정적인 도전 과제로 탈바꿈한다. 무언가 잘못되어서 주저앉을 수밖에 없다는 병리적인 시각이 아니라, 자신을 변화시킬 수 있는 힘을 가진 긍정의 시각이 바로 강점관점이다.

이제 더 이상 과거는 나를 주저앉히지 못한다. 과거에 경험했던 비난, 수치심, 죄의식, 두려움, 불안감, 초조함 등 부정적인 감정들은 더 이상 나를 괴롭히거나 상처를 주지 못한다. 이런 부정적인 감정들이 더는 나의 결점이 아니기 때문이다. 나는 내 안에 잠재되어 있던 힘을 발휘해 도전에 응전하여 미래로 나아갈 것이고, 지금 경험하는 이 도전의 기회를 전환점으로 삼고 희망찬 미래를 향해 성장할 것이다. 문제를 없애는 것이 목표가 아니라 그 문제에 어떻게 도전하여 대처해 나가느냐가 중요해지는 것이다.

위기나 역경으로부터 다시 일어나 더 강해져서 자원을 풍부하게 활용하여 삶의 도전을 극복할 수 있는 능력을 탄력성, 즉 레질리언스resilience라고 한다. 레질리언스는 위기와 도전에 대해 인내하고 자정하고 성장해 가는 역동적인 과정을 포함한다. 여기에서 염두에 두어야 하는 점은 역경에도 '불구하고'가 아니라 그 역경을 '통해through', 그 역경의 도전에 직면하면서 탄력성을 갖게 되고 강점이 나타나며 임파워링된다는 것이다. 그것이 바로 레질리언스다.

나는 레질리언스를 탄력성이라고 번역하지만 회복력이라는 번역도 많이 쓰인다. 이 말도 맞다. 다만 나는 다시 제자리로 돌아오는 회복이라는 차원을 넘어서, 제자리보다 더 성장한다는 의미에서 탄력성이라는 번역어를 사용한다. 눌렀다 놓았을 때 용수철이 원래 길이보다 더 길게 늘어나듯이. 요즘에는 레질리언스라는 음차 표기가 더 많이 쓰인다.

프로마 월시의 저서 《가족과 레질리언스Strengthening Family Resilience》에서 접한 기욤 아폴리네르Guillaume Apollinaire의 시는 레질리언스를 가장 잘 표현하고 있다. "끝까지 와, 삶이 말했다. 그들이 말했다: 우리는 두려워. 끝까지 와 봐, 삶이 말했다. 그들이 왔다. 삶은 그들을 밀었고 … 그리고 그들은 날았다"(월시, 1998: 31). 역경을 두려워하지 않고 그 역경을 통해 어려움 속에서 결국 날아오를 수 있는 힘을 갖는 것, 그

것이 레질리언스다.

그런데 그렇게 자신 있게 말할 수 있는 이유는 그 밑에 공감이 자리하기 때문이다. 정신적 외상, 갈등적 관계, 그로 인한 상처는 취약점을 헤집어 내기보다는 강점과 잠재력을 찾아내고 탄력성을 높이는 공감적 임파워링을 통해 더 탄탄한 강점으로 진화되어 나타난다. 다시 새롭게 일어설 수 있게 된다는 것이다. 서로 용서하고 관계를 회복하고 성장을 위한 가능성을 탐색하는 과정에서 탄력성은 높아지고, 당사자는 힘을 얻는다.

레질리언스는 역량competence을 높여 준다. 역량이란 개인이 소유하고 있는 지식과 기술이다. 다른 사람과 효율적으로 상호작용하고 사회 환경에 기여할 수 있는 능력을 일컫는 용어다. 모든 사람은 당연히 지식과 기술을 갖고 있다. 어떤 지식과 기술을 어느 수준으로 갖고 있는가의 차이만 있을 뿐이다. 그 차이는 개인 특성, 대인상호관계, 물리적 환경에서 비롯된다. 이 세 가지 차원 간의 격차가 클수록 사람들은 도전적인 상황에 놓이게 된다. 그리고 강점관점

에 의거하여 각 차원 간의 격차를 줄여 나간다. 이때 역량
이 발휘된다.

개인이 소유하고 있는 역량을 제대로 발휘하기 위해서는
자신에 대한 정확한 이해, 현 상황에 대한 명확한 인지, 그
리고 자신이 확보한 자원에 대한 구체적 분석이 필요하다.
앞서 공감을 위해서는 자기 자신에 대한 이해가 가장 중요
하다고 말한 바 있다. 자신의 감정, 느낌, 생각, 그리고 인
식이 어느 수준에 있는지 정확히 이해해야 공감도 할 수 있
고 자신의 역량도 충분히 발휘할 수 있다.

임파워링에서 자원resource은 강점과 역량과 레질리언스가
작동하도록 뒷받침하는 매우 중요한 요소다. 자원은 어디
에나 널려 있고 종류도 풍부하다. 주변의 모든 것이 다 자
원이다. 감정, 지식, 정보, 가족, 친구, 동료, 이웃, 직장,
동호회, 네트워크, 관계 등이 모두 다 자원이다. 다만 자원
을 자원으로 인식하지 못하기 때문에 자원으로 기능하지 못
할 뿐이다. 경험도 훌륭한 자원이다. 부정적 경험조차도 귀
중한 자원인데, 부정적 경험이 긍정적 자원으로 기능할 수

있도록 이끌어 가는 것이 중요하다.

주변에 흩어진 자원을 탐색하는 작업은 자신의 힘을 가늠해 보기 위한 좋은 잣대가 된다. 자원이 풍부할수록 힘도 세지기 때문이다. 내 옆에 서포터들이 있고 내 뒤에 든든한 뒷배가 있을 때 우리는 힘이 난다는 사실을 알고 있다. 그것이 바로 자원이다.

자원에는 인적 자원, 물적 자원 그리고 정서적 자원이 있다. 사회복지사에게 자원은 곧 힘으로 작용한다. 사회복지사는 자원의 보고寶庫다. 주변의 어떤 전문직보다 자원을 넓고 깊게, 풍성하게 가진 보물 창고 그 자체다. 이때 물론 공감적 슈퍼비전을 제공해 주는 슈퍼바이저도 사회복지사에게는 중요한 자원이 된다. 사회복지사가 제공하는 사회복지상담이 클라이언트에게 힘을 실어 줄 수 있는 임파워링 상담이 되는 이유다.

파트너십partnership은 똑같은 힘으로 똑같은 조건에서 함께하는 사람들의 관계이다. 따라서 나는 나를 가장 잘 알고, 너는 너를 가장 잘 아는 사람으로서 둘이 상호협력적인 파트너십을 갖게 된다. 이때 그 사이에서 생겨난 힘은 단순히 2배를 넘어 시너지 효과를 낸다.

그런데 파트너십이 시너지 효과를 제대로 내려면 공감이 필요하다. 상대방은 분명 타인이지만, 공감을 통해 관계를 맺음으로써 나는 나의 주관성에 기반을 둔 상태로 상대방의 객관성과 긴밀한 상관관계를 이루기 때문에 타인과의 관계이더라도 매우 주관적인 관계로서 거듭날 수 있게 된다. 이때 "주체와 주체 간의 상호 주관적 관계"(박인철, 2012: 101)가 형성되는 것이다.

서로의 잠재력과 자원을 있는 그대로 인정하면서 상호협력하여 결합된 상태로 활용하기 때문에 힘이 배가되는 장점이 있다. 뿐만 아니라 파트너이기 때문에 그 관계가 위계적이지 않고 수평적이다. 그래서 여기서는 신뢰와 윤리의식이 중요하다. 파트너인데도 서로를 믿지 못한다면 두 사람은 더 이상 파트너가 아니다.

파트너로서의 협력cooperation이 지니는 중요성은 아무리 강조해도 지나치지 않다. 협력은 상대방을 존중하고, 잠재력을 믿어 주고, 강점과 힘을 갖고 있음을 믿어 주는 것이다. 따라서 자신은 상대방이 가진 힘과 특권을 공유하게 되며, 그 과정에서 긴밀하게 상호교류한다.

협력하기 위해서는 서로의 힘을 그대로 인정해 주어야 한다. 그리고 그 힘을 어떻게 사용할 것인지를 두고 자기결정의 권한을 인정해 주어야 한다. 협력은 그 자체로 하나의 새로운 자원으로 기능한다.

임파워먼트는, 글자 그대로 해석하면, 힘을 부여하는 것이다. 이때의 힘은 능력, 권위, 권력, 권한 등이 될 수 있다. 따라서 임파워먼트는 그와 같은 힘을 부여함으로써 자기 자신에게 능력, 권력, 권위, 권한 등을 부여하고 인정하는 것이다. 즉 스스로의 삶에 대해 통제력을 갖는다는 뜻이다. 삶의 방향을 결정하고 그 삶을 영위해 나가는 권한을 다른 사람에게서 부여받는 것이 아니라 자기 자신에게 스스로 부여하고 자신을 강화하는 것이다. 이는 자기 권한부여, 다시 말해 셀프-임파워링 self-empowering이다. 셀프-임파워링은 결국 자기 자신에 대한 신뢰를 형성하는 데 큰 밑거

름이 된다.

동시에 자신의 삶에 대한 이 통제력은 다른 사람들에 대한 영향력을 갖는다는 것을 의미한다. 이때의 영향력이란 다른 사람의 삶을 통제하고 지시하는 차원의 영향력이 아니라 다른 사람이 스스로의 삶에 대한 통제력을 가질 수 있도록 힘을 실어 주는 차원의 영향력을 말한다. 이것은 임파워먼트 개념에서 매우 중요한 점으로서 자기권한부여보다 더 의미 있게 사용되어야 한다.

일상생활에서 공감을 통해 상대방에게 권한부여를 해 주고, 그 덕분에 상대방이 힘을 얻으면 상대방은 자신의 강점을 바탕으로 주변의 자원을 활용하여 미래를 설계해 나갈 수 있다. 변화하고 발전할 가능성에 대한 믿음, 그것을 해내고 싶은 동기, 그것을 해내야겠다는 의지, 그리고 해낼 수 있다는 자신감 등 자신의 삶 전체에 대한 통제력을 발달시킬 수 있는 역량이 생긴다.

이렇게 임파워링된 사람은 자기 자신, 다른 사람과의 관계 그리고 사회구조와의 관계에서 통제력을 지닌다. 이 통제력을 바탕으로 자기 자신의 감정, 느낌, 생각, 인지 등을 정확하게 이해하며 자신을 둘러싼 외부세계와의 경계를 명확하게 설정할 수 있다. 경계가 명확해지니 다른 사람과 일방적으로 주거나 받는 것이 아니라 상호 교환하는 평형관계를 형성한다. 다른 사람과의 관계에서 효율적인 상호작용이 가능해진다는 것이다. 이렇게 힘을 받은 사람은 사회 구조를 바꿀 수 있는 힘을 얻고, 그 변화를 통해 다시 새로운 기회를 창출함으로써 사회로부터 다시 힘을 부여받는다.

이렇게 공감은 임파워먼트의 요소를 가진다.

임파워링 공감과 나비 효과

공감은 그 자체로도 매우 성숙한 정서적이고 인지적인 행위다. 그렇지만 사회적으로나 대인관계에서 건설적이고 비판적인 사고를 하거나, 반대로 건설적·비판적 사고를 포용할 때에는 한층 더 성숙한 공감이 그 영향력을 훨씬 더 크게 발휘할 것이다. 그 성숙한 공감이 바로 임파워링 공감이다.

더 높은 포용력과 수용성을 보일수록 공감의 성숙도가 높은 수준에 있다고 말할 수 있는데, 이는 임파워먼트와 맥을 같이한다. 상충하는 감정과 생각을 받아들이고, 다의적인 사고에 불편함을 느끼지 않으면서 자신과 견해가 다른 사람의 말을 들어줄 수 있는 능력이 공감이다. 그리고 이와 같은 임파워링 공감은 비판적 사고를 포용하는 데 없어서는 안 될 정서적 요소(리프킨, 2010: 743)다.

임파워링 공감은 한 마리 나비의 날개를 완성시키는 데 기여한다. 나비 날개의 부족한 부분을 공감이 채워 주면 나비는 위아래로 두 쌍의 날개를 완벽하게 구비하고 예쁜 나비가 되어 훨훨 날아간다. 한 시인은 〈나비와 바람〉이라는 시에서 이렇게 노래했다. "작은 바람에도 자세를 바꾸는 나비, 바람보다 먼저 마음을 다독인다, 문득 푸르러진 가을하늘 지나다가, 나비도 덩달아 푸른빛이 된다(문복희, 2011: 38)". 작은 바람도 작은 나비에게는 힘센 세파다. 자세를 자꾸 바꾸어 스스로 다독이고 바로잡아야 세파에 흔들리지 않고 살아갈 수 있다. 그때 푸른 가을하늘이 나비의 상황을 파악하고 나비에게 힘을 실어 준다. 하늘은 곧 나비가 된다. 나비는 곧 하늘이 된다. 하늘과 나비는 같은 푸른빛으로 하나가 된다. 공감의 상태다.

나비 그림을 처음 원서에서 보았을 때 나는 깊이 매료되었다. 나는 이 그림이 공감적 임파워링을 설명하는 가장 적합한 그림이라고 생각하였다. 〈그림 5〉는 원 저자의 나비 그림을 바탕으로 하여 공감적 임파워링을 설명하고자 내가 보완하여 그린 것이라 원 저자의 그림과는 많이 다르

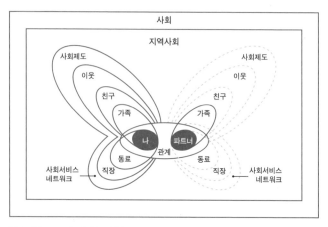

참고: Miley et al., 1995, p.134

다. 나는 이 나비 날개의 점선 영역을 동일한 힘을 가지는 실선으로 만들어 한 마리의 나비로 완성해 나가는 것이 공감적 임파워링이라고 강의한다.

이 나비는 왼쪽과 오른쪽이 대칭을 이루지만 왼쪽과 달리 오른쪽은 전체가 점선으로 그려졌다. 따라서 나비는 날개를 다 갖추지 못했다. 위의 날개는 가족, 친구를 비롯한 자연적 지지 네트워크 등 자연적이고 비공식적인 체계들로 채워졌고, 아래 날개는 직장 동료를 비롯한 직장 조직, 사회서비스 네트워크 등 공적인 체계들로 채워졌다. 실제 나비의 위 날개(혹은 앞날개)는 아래 날개보다 약간 또는 많이 크다. 그리고 위 날개들만으로도 비행하는 데는 지장이 없다. 아래 날개들은 나비가 새를 비롯한 공격자들로부터 잡아먹히지 않도록 보호하기 위한 것으로 나비의 비행을 돕기 위해 존재한다.

이런 나비 날개의 원리에 따라 자연적인 지지체계를 위 날개에 배치하였고 아래 날개에는 공적인 지지체계를 배치하여 자연적인 지지체계를 탄탄하게 지원하는 형태를 갖추었다. 이제 왼쪽의 날개를 온전히 갖춘 쪽이 그렇지 못한 파트너와의 관계를 바탕으로 공감적 임파워링을 통해 위, 아래 날개들을 온전하게 갖출 수 있도록 지지하고 지원해주면 된다. 더 많이, 더 풍성하게 갖춘 쪽이 부족하고 미완인 상태의 날개를 완성해 나가는 과정을 함께하면 되는 것이다. 그래서 날개 4개가 한 쌍이 되어 함께 힘차게 날아가면 된다. 그것이 공감적 임파워링이고 임파워링 공감이다.

여기서 나와 파트너의 관계는 다양한 상황으로 대치될

수 있다. 자연적인 일상생활에서는 나의 부모나 자녀일 수
도 있고 나의 친척이나 친지일 수도 있으며 나의 절친일 수
도 있다. 나의 애인일 수도 있고 나의 배우자일 수도 있다.
공적인 상황에서는 사회복지사인 나의 클라이언트인 파트
너일 수 있다.

임파워링 공감의 예

영화 두 편에서 나는 이 나비 그림에 딱 들어맞는 공감을 통한 임파워링을 보았다.

첫 번째 영화는 〈레이Ray〉다. 미국 빈민가에서 태어나 어린 나이에 녹내장으로 시력을 잃고 고통 속을 헤매다 마침내 성공을 거머쥐며 일생을 마무리한 천재적인 음악가 레이 찰스Ray Charles의 일대기를 그린 영화이다. 시력을 잃은 흑인으로서 레이가 혼자 힘으로 당당하게 살아가기를 바라는 어머니는 강점관점으로 아들 레이를 바라보며 그의 재능을 믿고 끝까지 포기하지 않고 뒷받침한다. 레이는 6살 때 함께 놀다 물에 빠진 동생의 죽음을 목격한 후 나타나는 동생의 환영으로 괴로워하다 마약까지 하게 되지만, 꿈속에서 '그건

형 잘못이 아니야'라는 동생의 말을 들은 후 고통에서 벗어난다. 그리고 마약의 수렁에서 빠져나올 수 있도록 옆에서 이야기해 주고 힘을 실어 주는 삼촌의 보살핌으로 레이의 레질리언스가 적극 발휘된다. 그 역경을 통해 레질리언스의 힘으로 만들어 낸 자신의 곡 〈Georgia On My Mind〉가 조지아주의 주가州歌로 선정되는 영광까지 경험한다.

레이에게는 어머니와 삼촌이 나비의 왼쪽 날개였다. 레이의 고통에 공감하는 어머니와 삼촌. 특히 어머니는 레이가 경험할 미래의 차별과 냉대, 낙인으로 인한 고통까지도 미리 공감하여 이에 대응하는 힘을 보여 주었다. 레이가 이런 가족의 지지와 지원으로 시련을 버텨 내고 역경을 통과하여 빠져나오면서 오른쪽 날개에 힘을 얻은 것이다. 왼쪽 날개의 지지를 바탕으로 두 날개가 실선으로 변해 온전해지면서 레이는 하늘 높이 날아오를 수 있었다. 레이는 그렇게 한 마리의 나비가 되었다.

두 번째 살펴볼 영화는 〈굿 윌 헌팅Good Will Hunting〉이다. 주인공 윌 헌팅은 자신에게 공감해 주는 심리학 교수 숀을 만난다. 첫 만남은 윌의 기싸움으로 시작되었지만, 숀은 그런 윌을 기다려 주었다. 그는 윌이 품은 내면의 상처를 이해하면서 이에 공감했다. 그리고 이 영화의 명대사 "It's not your fault(너의 잘못이 아니야)"라는 말을 건네 윌이 내면의 힘을 찾을 수 있게 도와준다. 어린 시절 받은 학대와 상처로 인해 세상에 마음을 닫고, 수학에 천재적 재능을 가졌음에도 일용직으로 일하며 방탕한 생활을 하던 윌이었지만, 그 말을 듣자 숀을 껴안고 눈물을 터뜨린다. 결국 윌은 스스로 목표를 가지게 되고, 자신에게 중요한 것을 찾아 차를 타고 떠난다.

윌은 위쪽 날개인 자신 곁의 가족이나 친구도 마다하고, 학교를 다니거나 직장을 구할 계획 모두 불투명한 상태로 내버려 두면서 천재적인 능력을 무시한 채 그저 휘청휘청 살아가는 모습을 보여 주었다. 그러나 숀을 만나면서 그 내면의 잠재력이 살아나는 과정을 거친다. 위쪽 날개가 실선으로 변하는 순간이다.

윌은 상담 전문가 숀을 만나 그와 상담하며 자신의 강점을 찾는데, 이때 숀은 자신의 고통스러운 내면의 상처를 인정하고 윌에게 내보임으로써 그와 완벽한 공감을 이루어 낸다. 결국 숀의 공감적 임파워링을 통해 점선이었던 윌의 한쪽 날개가 실선으로 뚜렷해지고, 윌은 두 날개를 펼쳐 새로운 삶을 살아간다. 한 마리의 나비가 되어 하늘 높이 날아오르게 된 것이다.

두 영화 모두 주인공의 변화의 모티프motif는 '너의 잘못이 아니다'이다. 문제의 원인이 나 자체이거나, 내가 문제 그 자체라면 나 스스로가 부정되어야 하니 이는 수용하기 매우 어려운 일이다. 이 상황에서는 나를 버려야 하는데 웬만해서는 쉽게 해낼 수 없다. 나를 버리고 나면 나는 어디에 존재한다는 것인가. 그러나 문제의 원인이 주변 환경에, 주변 자원의 부족함에 있다면, 이는 해결책에 쉽게 다가갈 수 있는 상황이 된다. 부족함을 채우는 과정을 밟으면 되기 때문이다. 그 과정에서 공감적 임파워링을 해 주는 왼쪽 날개가 있으면 된다.

임파워링 공감과 사회복지사

프롤로그에서 소개한 사회복지사들은 공감을 말하며 공감의 힘을 증언하였다. 이들의 말을 통해 강점, 도전, 탄력성, 역량, 자원, 파트너십 그리고 협력을 발견하였다. 더불어 임파워링 공감을 찾을 수 있었다.

여러 시설에서 일하며 COVID-19 팬데믹으로 가장 열악한 상황에 놓인 복지서비스 이용자들에게 다양한 서비스를 제공하고 응대하면서 이용자들과 함께 위험한 현장을 지켜낸 사회복지사들에게 공감하는 능력은 스스로를 지탱해 주는 큰 힘이 되었다.

강점관점을 갖게 되었고 문제를 도전으로 보게 되었다

COVID-19 팬데믹을 버텨내면서 사회복지사는 자신들이 얼마나 중요한 존재이며 큰 힘을 가진 사람들인가를 인식하기 시작했다. 강점관점을 갖게 된 것이다. 이들은 스스로의 강점과 잠재력을 발견하고 사회복지사의 가치에 대한 인식을 새롭게 다지는 계기를 마련할 수 있었다.

코로나 상황이 되니까 사회복지관이야말로 사회로 나올 수 있는 최전선의 연결 창구라는 생각이 들더라고요. 오히려 먼저 찾고 연락하시고…. 기존에는 그냥 이렇게 자만심에 일을 했었다면 지금은 동기부여가 상당히 많이 되면서 오히려 힘들긴 하지만 일을 할 수 있는 그런 기여를 사회복지사들이 하고 있는 게 아닌가.

재난 상황에서 사회복지사가 사람, 지역, 사회에 기여한다는 것들은 당연한 것 같고요.

학교로 이런저런 민원 전화들이 정말 많이 오는데 그 부분을 탁월하게 설명하고 안내하고 마음을 만져 주는…. 사실 걱정되니까 막 전화하시거든요. 그런 직종이 사회복지사들밖에 없더라고요. 우리가 가진 역량과 강점을 활용해서 어떻게 보면 사람과 지역과 사회에 기여해야 한다는 생각이 좀 들었고.

COVID-19 팬데믹을 처음 경험하다 보니 모든 것이 다 도전이었다. 코로나로 인한 사망보다 우울증으로 인해 자살하는 비율이 높다는 보도를 접하면서 사회복지사들은 복지시설에서는 코로나보다도 우울증을 예방하는 데 힘을 쏟아야겠다는 생각을 했다고 전한다. 문제를 도전으로 바라보는 순간이었다. 문제를 부정적으로 바라보는 대신 이후 시설에서 강화해야 할 서비스가 무엇인지 고민하며 미래로 나아가기 위한 준비를 한 것이다.

코로나 치사율보다 코로나로 인한 우울증으로 인한 자살이 10배 더 높다고 어디서 방송을 들었었는데 그만큼 코로나의 심각성도 심각성이지만 오히려 그 이후에 코로나 블루 그런 거에 대한 터치들이나 관심들이 더 필요하지 않을까. 이런 것들이 더 복지시설에서 담당을 해야 하지 않을까 싶습니다.

역량 강화를 해내고 탄력성을 높이다

COVID-19 팬데믹이라는 사상 초유의 경험을 하면서 어느 누구도 해결책을 가르쳐 줄 수 없는, 이전의 어떤 경험도 도움이 되지 않는 상황에서 사회복지사들은 자신들의 준비가 부족하다는 데 마음이 불편해졌다. 그래서 공부하기 시작했다. 시설 안에 격리된 이용자들을 시설 내부 인력으로만 보호해야 했으니 이들의 상태를 알아보고 공부하는 것은 어찌 보면 당연한 일이었다. 이는 사회복지사들이 자신들의 역량을 스스로 강화하는 행동이었다.

어르신들의 기능이 떨어져 보이니깐 각 어르신들의 질환별로, 그 왜 발생할 수 있는 그런 상황들, 그 미묘한 것들 있잖아요. 찾아볼 수밖에 없었어요. 노인 특화된. 의료진처럼 그렇게 막 알아보게 돼서 그런 정보도 많이 읽어 봤어야 됐던 것 같고, 기술적인 것들, 정보적인 것들, 그런 지식들이 조금 더 향상됐어야 했기 때문에 어쩔 수 없이 강제적으로.

아무래도 노인분들에 대한 이해라든가 전문성이 필요한 것 같아요. 삶의 마지막 단계에서 죽음이라는 그 상황을 생각을 안할 수가 없는 상황이기 때문에 우리들이 공감해 드리고 이해해드려야 될 부분? 노인요양원 사회복지사의 전문성이 요구되는분야가 되게 넓다고 생각하고.

사실 더 촘촘하게 관심을 가지고 사람을 대하는 거에 대해서 오히려 조금 더 집중할 수 있었던 것 같아요. 이제 환경 적응 능력이 진짜 대단한 거라는 생각이 들어요. 사회복지사들 뭔가 이렇게 무인도에 떨어져도 다 살아남아서 올 것 같은 그런 동료들의 재기발랄함과 능력들을 상당히 많이 볼 수 있었던 것 같고. '같이 배워서 연구해 보자! 쉬운 방법들을 찾아보자!'라는 것들을 같이 공감하고 노력했기 때문에 가능하지 않았을까?

현장에 대한 연구를 정말 끊임없이 해야 한다는 목소리를 저희가 더 많이 내야 되겠다는 생각을 이번에 좀더 했어요. '너네 현장을 모르잖아'라고 얘기를 하니 되게 안타까워서 '사회복지 쪽에 연구가 정말 더 필요하다라는 얘기를 오히려 현장에서 더 많이 얘기해야 되겠다'라는 게 저희가 이번에 많이 고민했던 거고, 결국 정부에서는 사회복지의 가치에 대해서도 저희가 연구를 안 하니까 그냥 매번 '좋은 일 하지….' 이런 평가가. 어떻게 보면 저희가 이번에 더 어려웠었던 것 같아요. 정말 목숨 걸고 사회복지사들이 다 일을 했잖아요. 그래서 사회복지사가 전문가로서 이런 경력이든 상황에 대해서 인정받고 하는 부분들을 조금 더 우리가 우리 스스로 목소리를 내서 연구하고 이런 연구자적인 부분들을 노력해야 되는 게 아닐까.

그리고 이야기는 민감성과 탄력성으로 이어졌다. 이들은 이번 팬데믹 속에서 유연함을 발휘했고, 지금의 비상사태가 인내심을 필요로 하는 상황이었음을 절감했다. 이에 결국 탄력성이 높아졌다.

민감성이랑 탄력성이라고 생각했거든요. 시간이 또 흐르니까 온라인이나 전화상으로도 느껴지는 게 생기더라고요. 말투나 이런 것만 봐도 '지금 뭔 일이 있구나, 지금 나한테 얘기 못 하고 있는 사정이 있구나'라고 느껴지는 게 점점 제가 몸소 체험하게 되면서 민감성 같은 게 조금 더 많이 발휘된 것 같고. 두번째로는 탄력성이라고, '적응하는 능력이 내가 생각보다 굉장히 뛰어났구나'라고 생각이 들었어요. 이제 이것저것 막 시도를 해 보는 거죠.

사회복지사들이 대면, 휴먼 서비스를 제공하는 입장에서 '좀더 사람들한테 민감하고, 클라이언트 원하는 것들 욕구에 대해서 좀더 민감하지 않을까?'라는 생각이 들었고요.

사례 관리영역을 맡다 보면 굉장히 이게 전문성이라고 말하기 좀 그런데… '촉'이 있어요. 고독사부터 시작해 가지고 이제 저희에게 발생되는 현황들이 많은데. 그래서 코로나19 재난상황에서 제가 발휘한 전문성은 (웃으며) 촉인 것 같애요. 왜냐면 딱 들었거나, 전화통화를 해 봤거나 무슨 이야기를 들었을 때 '어, 이 집은 지금 즉각 개입해야 할 것 같아'라고 하면은 바로 뛰쳐나가거든요. 그러면 아니나 다를까 '아우, 여기 가만히 놔뒀으면 바로 상 치를 뻔했네!' 이런 집들이 있어요.

일단 저희는 무한한 인내가 필요한 것 같아요. 지금 특히나 이번 2년 가까이 지내면서는 '아, 이 일을 하려면 많은 인내가 필요하구나. 사회복지사는 만능인이고 그리고 많은 지지가 되어야 하고 인내가, 인내를 정말 많이 필요로 하는 사람이구나'라고 생각하면서 했습니다.

우리가 사고를 좀 유연하게 하고, 기관의 그런 시스템 자체가

'정해진 대로 해야 돼, 계약서대로 무조건 해야 돼'가 아니라 '상황이 변하면 계획도 변할 수 있어'라는 것들이 충분히 용납되고 있었던 것들이 저희가 가지고 있었던 전문성이지 않았을까.

파트너십을 형성하고 자원연결을 강화하다

사회복지사들은 이용자들의 새로운 능력을 발견하기 시작했다. 이는 엄청난 변화였다. 그 변화는 공감의 힘을 진정으로 느끼게 해 주었고 이들과 파트너십을 형성할 수 있게 했다. 이 파트너십은 이후 공감의 힘을 어떻게 사용해야 할 것인지 고민하게 하였다.

온라인 프로그램 때문에 지금까지 경험하지 못했던 또 새로운 경험을 했고 또 내가 생각하는 정신장애인분들은 내가 기대했던 거 그 이상으로 너무 훌륭한 사람들이라고. 왜냐하면 오히려 저희보다 더 적응력도 좋으신 것 같고, 계속 반복해서 이야기하는 거지만, 저는 온라인 프로그램 때 정말 많이 반성했거든요. 제가 생각했던 것 그 이상으로 '의지가 정말 대단한 사람들이다'라는 생각이 새롭게 들었던 것 같아요 온라인 수업에 들어오는 데 1년 걸리신 분이 계세요. 들어오셔서 "잘 하셨어요" 했는데. "아이고, 이거 뭐 별거 아니네", 뭐 이러셨는데. 나중에 이제 가족분들한테 "나 이런 것도 한다"면서 영상통화도 이렇게 말을 하셨던 얘기를 나중에 들은 거예요. 그 가족들한테. 아 그래도 '내가 다른 사람들이 하는 거 나도 다 이렇게 한다' 이야기하셨다고 하니까. 되게 감동스럽더라고요.

협력관계를 발전시키다

결국 이용자들이 자신의 옆에서 함께해 주는 사람이 있다는 사실을 아는 것, 그 자체가 이용자들에게는 힘이 되었다. 이런 힘을 갖게 해 주는 사회복지사들과 그들이 날라다 준 자원들이 이들에게는 COVID-19 팬데믹을 이겨내고 우울감을 극복하게 하는 힘이었다. 그리고 이들의 관계는 점차 협력관계로 발전했다.

자기 주변에 그래도 '뭔가를 믿고 말할 수 있는 사람이 한 사람 더 생겼다'라는 생각을 갖게 하는 것. 아주 조금이나마 힘이 되지 않았을까.

지금까지 학교는 교육전문가, 그 누구도 함부로 교권을 건드릴 수 없는 거였는데 교권이 무너졌다 이런 뜻이 아니라 그 아이들을 빨리 마주하고 상황을 파악하는 누군가의 역할을 해 주는 사람이 어떻게 보면 사회복지사들이었어요. 지역에 있는 복지관 선생님들, 지역아동센터에 계신 선생님들, 키움센터에 계신 선생님들이 오히려 애들 더 빨리 파악해서 학교에 전화를 해 주셨죠. '우리 아이들 이렇게 지내고 있어요'. 그래서 그런 부분들은 사회복지사들이 해냈기 때문에 잘 유지되지 않았을까? 그러면서 저희가 되게 많이 좋았고 감동적이었고 그런 부분들을 연초에 워크숍 하면서 많이 나눴던 기억이 났습니다.

사회복지사들을 인터뷰하면서 한 번도 경험해 보지 못한 팬데믹이라는 상황은 시설을 통째로 폐쇄하여 접근조차 못 하게 하던 상황, 시설이 코호트 격리되어 꼼짝도 못 하던 상황, 눈물 나도록 힘들고 속상한 기억이 많은 상황이었지만 이들은 그 안에서 새로운 것을 찾을 수 있었다. 그리고 변화의 모습에 감탄했으며 희망을 이어 나갔다. 이들은 이

용자들에게 부족한 자연적 지지를 찾아서 보완해 주고 새
로운 공적 지지를 찾아 연결해 주면서 무너질 듯 막막한 상
황에서도 힘을 내서 일어섰고, 미래를 향해 힘차게 날아가
는 나비가 되었다.

4장

공감은 누구에게

Who has empathy

공감은 누구에게나 생긴다.

공감은 누구에게나 생긴다.

누구나 태어날 때부터 갖고 태어나는 본성과도 같아 공감할 만한 상황을 만나게 되면 공감이 발현된다. 여기서 공감적 상황이란 다른 사람과 관계하는 상황이며 그 관계에서 발생하는 느낌이자 생각, 행동이다. 혼자서 아무 관계도 맺지 않을 때는 공감도 생기지 않는다. 공감할 대상이 없기 때문이다.

우리는 우리가 공감할 만한 상황에서 공감한다는 사실을 알고 있다. 그럴 때마다 '공감했다', '공감된다' 등의 말을 하니까. 이렇듯 공감은 누구에게나 생기는 것으로 기질적인 특징이라기보다 공감할 마음의 준비만 되어 있다면 발현할 수 있는 일반적인 성질이다. 그리고 만약 조금 어설프거나 무뎌졌다고 느껴지면 연습을 통해 공감을 키울 수도 있다(자키, 2021: 35).

사람은 관계 속에서 살아간다. 어느 누구도 다른 사람과 관계를 맺지 않고 살아갈 수 없다. 아무리 혼자 살면서 아무도 만나지 않고 누구와도 대화하지 않는다고 해도 그 어떤 관계도 맺지 않으며 사는 것은 아니다. 식당에 가서 '혼밥'을 하더라도 식당 주인이나 종업원과는 관계를 맺어야 주문을 하고 비용도 치를 수 있기 때문이다. 아, 물론 키오스크로 주문하고 결제한 후 로봇이 음식 담은 그릇을 가져다주는 상황이라면 그렇지 않을 수도 있겠다. 그러나 아무리 21세기가 인공지능과의 관계가 중심이 되는 세상이라 하더라도 사람과 관계를 맺지 않는 삶이란 있을 수 없다. 아니, 그렇기 때문에 사람과의 관계를 더욱 중시해야 할 수도 있다.

요즘은 SNS를 통한 소통이 유행이다. 이 역시도 관계를 형성하고 유지해 나가는 행위다. 이 안에서 공감한다는 댓글을 달고 좋아한다는 뜻의 이모티콘을 입력하면서 글을 올리는 사람과 관계를 유지한다.

이렇게 사람과의 관계 속에서 발생하는 공감을 긍정적으로 나타내기 위해서는 자기 자신에 대한 믿음이 우선되어야 한다. 다른 사람과 관계를 맺기 전에 자기 자신부터 제대로 세워 놓아야 한다는 뜻이다.

그리고 자기 자신에 대한 이해와 믿음 위에 자기존중감이 자리 잡도록 할 필요가 있다.

자기 자신이 제대로 서야 공감을 발휘할 수 있다. 만약 공감이 부족하다면 공감연습을 통해 공감력을 키워야 하는데, 그때 자기존중감이 있어야 위축되지 않고 공감을 연습하고 공감능력을 연마할 수 있다. 공감은 타인과의 관계 속에서 발현되므로 이러한 관계에서 자기 자신을 긍정적으로 바라보고 당당하게 세우는 것이 무엇보다 중요하다.

관계의 중요성 - 만남인센티브

COVID-19가 기승을 부리던 2020년 우리 사회는 백신이 도입되었는데도 감염 예방을 위해 백신을 받아들이고 접종하는 대신 백신을 회피하거나 거부하는 현상을 보였다. 백신을 향한 불신이 팽배하여 '코로나 백신을 맞으면 생리적 변화가 발생한다'라거나 '마이크로칩이 몸속에 들어간다'는 등 낭설들도 나돌아 백신을 접종하려던 사람들까지도 주춤하게 했다. 그러자 각국 정부가 생각해 낸 방법이 '백신인센티브'였다.

그러나 백신인센티브를 무엇으로 정해야 참된 인센티브로서 기능하여 사람들이 백신을 맞게 할 것인지, 그 아이템을 찾는 것이 모든 국가에게 주어진 과제였다. 어느 곳은 50달러, 어느 곳은 100달러 등 재정적인 인센티브를 내걸 때

한국은 관계를 근간으로 하는 매우 신선하면서도 정감 있는 인센티브를 착안해 냈다.

우리의 백신인센티브는 가족과의 만남, 친구와의 만남이었다. 관계를 중요하게 생각하는 한국 사람들의 정서에 딱 맞는 인센티브였다. 정부가 '백신 접종 완료자는 직계가족 모임이나 사적 모임 인원제한에서 제외한다'는 '만남인센티브'를 발표하자(〈의약뉴스〉, 2021. 5. 26.) 백신 접종을 거부하고 두려워하던 사람들도 앞다투어 백신 접종을 위해, 아니 가족과 친구를 만나기 위해 팔을 걷어붙였다. 가족관계를 비롯해 다양한 사회적 관계가 강한 영향력을 미치는 한국 상황에서 관계에 초점을 둔 조치가 적절하게 작용한 것이다.

COVID-19 팬데믹에 대한 대응은 사람들과의 만남을 차단하는 데 방역의 주안점을 두었다. 그리고 그것은 모든 사람을 힘들게 했다. 사람은 관계의 동물이라 다른 이들을 만나야 하고, 만나서 이야기하며 서로를 확인해야 살아갈 수 있다. 그런데 이를 원천적으로 봉쇄하니 사람으로서 살아갈 수가 없었던 것이다.

만남인센티브는 가뭄에 단비처럼 시민들로부터 대대적으로 환영을 받았다. 백신을 접종한 사람들은 요양시설로 부모님을 만나러 나섰고 부모님 댁에 형제자매들이 모였으며 식당에서 친구들을 만났다. 인센티브다운 인센티브였던 것이다. 그 결과 정부는 접종률을 50%까지 끌어올렸고, 2022년 2월 기준 한국의 접종완료율은 86.2%로 전 세계 평균 접종률 61.8%를 상회한다.4 만남과 관계에서 발생하는 공감에 착안한 인센티브였다고 할 만하다.

그렇다면 관계란 무엇인가. 관계는 두 사람 간의 상호작용이 빚은 산물이다. 진실하고, 친밀하면서도, 헌신적이고 책임감 있는 자세를 가진 긍정적 상호작용을 말한다. 물론 부적절한 관계, 부정적 관계, 적대관계 등 항상 긍정적이지만은 않은 관계도 있다.

그러나 공감이 발현되는 관계는 긍정적이고 협력적인 상

---

4 질병관리청 https://ncv.kdca.go.kr. 2022. 2.13.

호 존중을 기반으로 하는 관계다. 앞서 제시한 임파워먼트의 시각으로 상대방의 강점을 인정하고 상대방의 권리를 인식하며 상대방과의 관계에 따르는 책임을 인지하는 관계가 곧 공감이 발현되는 관계다. 상대방의 감정을 존중하고, 상대방의 의견을 수렴하고, 상대방의 행동을 수용하는 관계를 구축하고 유지하는 것이 적절한 관계이자 긍정적 관계, 우호적 관계이다.

공감적 관계 형성의 선행조건

그렇다면 공감적 관계를 효과적으로 형성하고 유지하기 위한 방법이 있는가. 당연히 있다. 그러나 관계를 형성하는 방법을 말하기 전에 우선 갖추어야 할 선행조건과 자세부터 살펴볼 필요가 있다.

공감적 관계 형성을 위한 선행조건은 존중과 소통이다.

선행조건 하나. 존중

존중이란 당연히 상대방에 대한 존중이다. 상대방을 존중하는 마음이 있어야 관계를 우호적으로 만들고 유지해 나갈 수 있다. 상대방과 대화할 마음이 있어야 관계를 형성하고 지속할 수 있다.

관계는 알아서 저절로 유지되지 않는다. 아무리 절친한 관계라 하더라도 서로 존중하는 마음과 대화할 자세를 갖추지 못하면 그 관계는 유지되기 어렵다. 존중하는 자세란 상대방이 어떤 상황에 놓여 있다 하더라도 이해하고 존중하며 비판하거나 비난하지 않겠다는 메시지를 전달하는 포용적인 태도를 말한다. 그래야 관계가 유지될 수 있다. 하물며 공감적인 관계는 이 존중의 자세가 선행된 상태에서 다른 조건들이 맞춰져야 함이 당연하다.

선행조건 둘. 소통

소통은 상대방과의 능동적인 의사소통을 말한다. 의사소통은 관계의 윤활유다. 선행조건 중 하나인 존중을 갖췄어도 그 존중이 소통되지 않으면 실제로는 아무런 의미를 갖지 못한다. 흔히 말하듯이 '구슬이 서 말이어도 꿰어야 보배'다. 귀중한 진주가 있으면 무엇 하겠는가? 목걸이로 꿰지 않는다면 조개 속의 진주는 조개를 아프게 하는 돌덩어리에 불과하다.

소통도 마찬가지다. 아무리 관계가 잘 맺어졌다 하더라도 서로 소통하지 않는다면 그 관계는 더 이상 공감하는 관계가 아니다. 조만간 잊히는 관계가 될 것이다. 어떤 식으로든 소통을 해야 관계가 유지된다. 말로 소통해도 되고, 무언의 행동으로 해도 된다. 그러나 어쨌든 소통은 반드시해야 한다. 앞서 소통하지 않으면 공감이 아니라고 이미 지적했다. 하물며 공감적 관계라면 이 소통의 과정이 선행된 상태여야 한다. 그리고 그런 상태에서 다른 조건들이 갖추어져야 한다.

존중과 소통이라는 선행조건을 갖췄다면 상호 간에 긍정적인 관계 형성을 효과적으로 해내기 위한 자세와 방법을 생각해 볼 수 있다.

긍정적 관계 형성 방법

첫째, 진실된 마음 갖기
상대방과의 관계를 우호적이고 긍정적으로 형성하기 위해

서는 상대방에 대해 진실된 마음을 갖는 것이 가장 중요하다. 진실된 마음이란 관계 형성을 효과적으로 하기 위해 선행적으로 갖추어야 할 마음가짐이라고 하겠다.

이런 마음은 관계를 형성할 때 상대방으로 하여금 편한 마음을 갖게 하고 서로 신뢰할 수 있게 한다. 상대방이 신뢰를 갖는 것은 관계 형성에서 매우 중요한 조건이다. 이 신뢰를 통해 어떤 대화가 진행되더라도 자신을 방어하지 않고 수용할 수 있기 때문이다.

둘째, 적극적 보기 · 듣기 · 말하기

우선 경청이다. 잘 들어야 한다. 관계를 형성하기 위해서는 열심히 마음을 다하여 듣는 것이 가장 중요하다. 경청할 때 자세는 눈을 맞추고 얼굴과 몸이 상대방을 향하도록 둔 채 얼굴 표정과 고개 끄덕임, 손짓 등으로 듣고 있음을 표현하는 것이 좋다. 진심을 다하여 열심히 듣고 있다고 알리기 위함이다.

그런가 하면 듣는 동시에 상대방을 잘 봐야 한다. 사람들은 소통할 때 언어를 사용하지만 비언어적 표현인 표정, 태

도, 행동 등을 통해서도 상당한 양의 정보를 전달한다. 상
대방의 비언어적 표현이 전달하는 내용을 세심하게 관찰하
고 그 의미를 이해하려는 자세 역시 관계 형성을 효과적으
로 하는 데 절대적으로 필요하다.

잘 보고 잘 들었으면 이제 말을 잘 해야 할 차례다. 따뜻
한 톤으로 너무 크거나 작지 않은 목소리로 적당한 속도를
유지한 채 상대방의 언어적, 비언어적 표현에 반응을 보이
는 내용을 담아서 말을 해야 한다.

셋째, 따뜻한 민감성 갖기

상대방에 대한 불필요한 편견을 버리고 수용할 준비가 되
어 있어야 한다. 상대방이 하는 말을 민감성을 갖고 들어야
하며 상대방이 갖고 있는 차이점을 다름으로 이해해야 한
다. 긍정적인 관계를 효과적으로 잘 맺고 유지하는 일은 일
반적으로 생각하는 수준보다 훨씬 더 높은 민감성을 필요
로 한다.

공감적 관계의 5대 원칙

공감적 관계는 진실하고 친밀하면서도 헌신적이고 책임감 있는 자세를 필요로 한다.

기본적으로는 '나'의 입장에서 '상대방'과의 관계를 중심으로 관계의 원칙을 서술하였으나 관계 자체가 양방향성을 띠기 때문에 양쪽 모두에게 적용되는 원칙이라고 생각하면 된다.

다음은 1990년부터 지금까지 대학에서 33년째 강의하면서 참고했던 다양한 문헌들에 기초하되, 이 책을 쓰면서 새롭게 정리한 원칙들이다.

원칙 1. 감정 표현

사람은 누구나 자기의 감정에 대해 의사소통을 할 수 있어야 한다.

앞서 공감에서 가장 중요한 것이 느낌과 감정의 의사소통이라고 말했다. 상대방이 어떤 감정을 느끼는 상태에 있는지 귀 기울여 듣고 민감하게 관찰하면서 지지한다는 반응을 해 줄 필요가 있다. 제대로 소통되지 않은 작은 감정의 불씨가 더 큰 화를 불러오는 경우가 상당히 빈번하게 생기기 때문이다.

우리가 뉴스에서 자주 접하는 많은 범죄들을 들여다보면, 당시 화가 난 그의 심정을 민감하게 귀 기울여 들어주며 지지의 반응을 보내어 소통하고, 이로써 그가 공감받는다고 느꼈다면 그렇게 극악한 범죄를 소통의 방법으로 선택하지 않을 수도 있었다. 그렇게 소통해 줄 사람이 단 한 명이라도 있었다면 다른 방법을 선택했을 것이다.

따라서 상대방이 감정을 자유롭게 표현할 수 있도록 따뜻한 말로 격려하고 진지한 표정을 보이면서 기다려야 한다. 여기서의 포인트는 격려와 기다림이다. 상대방이 자신의 감정을 정확하게 전달할 수 있도록 편안한 환경을 만들어 주고, 감정을 충분히 전달할 수 있도록 인내심을 갖고 기다려야 한다.

특히 대부분의 문제 상황에서는 문제를 구성하는 내용보다 문제를 둘러싼 감정 자체가 상황을 더 어렵게 만든다. 문제 상황에서 대개 분노, 공포, 죄책감 등을 겪기 마련인데, 여기서 상대방이 그와 같은 감정을 표현하게 하고 객관적 입장에서 들어주는 것은 매우 중요하다. 이때 경청을 비롯한 공감적 의사소통이 필요하다.

원칙 2. 수용

사람은 누구나 자기 자신의 모습 그대로 받아들여질 수 있어야 한다.

공감적 관계에서 두 번째로 중요한 원칙이 수용이다. 상대방을 있는 그대로 받아들인 상태에서 소통하고 관계를 유지하는 것은 공감을 가능하게 하는 전제 조건이다. 상대방이 객관적으로 바람직한 상태일 때는 수용이 전혀 어렵지 않다. 그러나 문제는 상대방이 미성숙하거나 부정적이고 파괴적인 태도와 행동 등을 보이는 바람직하지 못한 상태일 때다. 이 경우에도 상대방을 있는 그대로 수용하기란 매우 어렵다.

세상에 완벽하게 성숙한 완성된 인격체를 가진 사람은 없다. 나 자신도 그렇거늘 다른 사람에게 이를 기대하는 것은 옳지 않다. 따라서 공감적 관계를 유지하기 위해서는 상대방을 현재 존재하는 모습 그대로 인정해 주는 것이 중요하다. 특별히 이해하려고 애쓰지 않아도 많은 이해가 되는〈글배우, 2021: 99〉, 있는 그대로의 모습을 인정하는 것이 그래서 중요하다.

이렇게 하기 위해서는 경청하는 자세, 따뜻한 마음, 지지한다는 반응, 비난하지 않는 태도 등을 보이면서 객관성을 유지하는 자세가 필요하다. 여기서 포인트는 지지와 비난하지 않는 태도이다. 공감적 관계에서는 비난하지 않는 태도가 매우 중요한데, 관계를 맺을 때 그럴 만한 가치가 있는 사람인지 아닌지를 평가하고 판단해서 그에 따라 소통한다면 그 관계는 제대로 형성되지 못한다. 가치가 있다고 판단되어 잘 대해 준 경우에도, 가치가 없다고 판단되어 함부로 대한 경우에도 그 관계는 절대 제대로 형성되지 못한다. 가치가 있다고 판단한 경우에도 그 가치가 사라지면 관계가 깨질 것이고, 가치가 없다고 판단한 경우에도 비난하고 또 비난받는 관계가 제대로 된 관계로 이어질 수 없기 때문이다.

사람들은 타인에게서 진심으로 인정받고 존중받을 때 자기를 개방하는 속성이 있다. 불필요한 자기방어로부터 자신을 풀어놓고 자유롭게 속마음을 털어놓고 이야기를 하게 된다. 그리고 그 과정을 거치면서 스스로를 수용할 수 있는 마음이 생겨난다. 이때 털어놓은 이야기에 대해서는 당연히 비밀이 꼭 지켜져야 한다.

원칙 3. 권리 존중

사람은 누구나 타인과는 다른, 각자 고유한 권리를 가진 개인이다.

이때 고유한 권리에는 거의 모든 것이 해당되겠지만 그중에서도 자기 자신을 있는 그대로 인정받을 권리가 가장 중요할 것이다. 느낌, 감정, 생각, 사고, 태도, 행동, 생활양식, 경험 등은 각기 그 사람이 지닌 그대로 존중받을 권리가 있다. 각 개인을 개별적인 존재로 바라보는 것이다.

이를 위해서는 편견과 선입견에서 벗어나야 한다. 특정 대상에 대해 편견과 선입견을 가지면 그 대상이 지닌 느낌, 감정, 생각, 사고, 태도, 행동, 생활양식, 경험, 욕구 등을 속단하고 그의 존엄성을 존중하지 않게 된다.

다른 사람에 대한 선입견이나 편견에서 벗어나려면 먼저 명확한 자기인식을 가져야 한다. 자신이 어떤 사람, 어떤 집단, 어떤 상황에 대해 편견을 갖고 있는지 정확하게 이해할 필요가 있다. 그래야 편견에 빠지기 쉬운 상황에서도 당황하지 않고 상대방 자체를 인정하고 존중하면서 관계를 맺고 소통할 수 있다.

　사람은 누구나 자기와 관련된 결정은 자기 스스로 내릴 권리를 갖는다. 사람이라면 자유롭고 편안한 상태에서 자유 의지에 따라 자율적으로 결정할 수 있어야 한다. 자기결정권을 최대한 보장할 장치를 마련해 준다면 아직 성장하고 있는 아동이거나, 인지장애가 있는 성인이거나, 자신이 처한 위기상황을 인지하기 어려운 사람도 각자 스스로가 결정을 내릴 수 있다. 그 자기결정의 권리를 인정해 주어야 한다.

원칙 4. 객관화

사람은 누구나 어떤 상황에서든 객관화를 유지할 수 있어야 한다.

　공감은 동정과 달리 그 상황과 어느 정도의 거리감을 갖고 객관성을 유지하는 것이라고 했다. 공감적 관계에서 객관성 유지는 매우 중요하다. 공감한다는 것은 상대방을 그 자체로 인정하는 상태에서 동일한 수준의 감정을 경험하는 일이기 때문이다. 그래서 상대방을 인정하는 것과 상대방의 감정을 경험하는 것 사이에 거리가 필요하다.

이처럼 거리를 두기 위해서는 상대방의 감정을 대하는 나의 감정을 객관화할 필요가 있다. 일반적으로 객관성이라고 하면 무관심, 냉담함, 냉정함 등을 떠올린다. 그러나 여기서 객관화라는 말은 중립성을 지키면서 상대방에게 관심과 배려를 보여 준다는 뜻이다.

관심을 보이면서 객관성을 유지하는 것이 쉬운 일은 아니다. 거리감을 갖고 객관성을 유지하기 위해서는 자신의 감정을 통제하고 조절할 수 있어야 한다. 상대방이 지닌 감정 그대로를 내보이는 행위는 동정이라고 했다. 그 감정 그대로에 몰입하여 동일한 차원으로 정서적 관여를 한다면 이는 공감이 아니다. 그 감정을 객관화하여 조절한 뒤 정제된 형태의 감정을 보일 때에야 진정한 공감이 발현된다. 이렇게 발현된 공감은 객관화된 배려와 함께 어느 정도의 헌신이나 책임 등을 담보한다.

원칙 5. 책임 인식

사람은 누구나 책임감 있게 행동해야 한다.

공감적 관계는 서로 간의 책임을 바탕으로 하는데, 그 책임은 매우 다차원적이다. 우선 책임 인식을 이루는 가장 중요한 요소는 각자가 지닌 윤리적 책임이라고 하겠다. 앞서 부정적이고 반사회적이고 비윤리적인 상황에의 공감은 공감이 아니라고 말한 바 있다. 비인도적이고 비인간적이며 차별적이고 잔혹한 상황에 보이는 공감은 공감이 아니다. 사회적 책임의식이 따라야 공감이다.

이 장을 시작할 때 언급했듯이 현대사회는 혼자 사는 세상처럼 보인다. 서로가 서로를 고립시키면서 살아가는 세상 같다. 고독사가 한참 뉴스거리가 된 적이 있었는데, 이제는 '고독생'이라는 신조어가 만들어질 정도로 혼자 살아가는 사람들이 늘어나고 있다. 독거하는 사람만이 아니라 가족과 함께 거주하면서도 겉으로 드러나는 병리적 증상 없이 고독생을 살아가는 사람들이 늘고 있다는 것이다. 5 스트레스에 시달리면서 적대감 속에서 스스로를 고립하고 공

감을 회피하는 삶을 살아가는 것(자키, 2021: 95)이 현대사
회라는 한탄이 섞인 주장도 있다.

그러나 사람은 관계를 맺는 사회적 동물이며, 공감의 마
음은 누구에게나 있다. 따라서 스스로를, 그리고 서로를
고립시키지 말고 공감적 관계를 맺으면서 함께 사는 사회
에 대한 책임의식을 가져야 한다. 공감이 시민의식의 척도
이자 잣대가 된 지금이야말로 사회적 책임의식을 기반으로
하는 공감이 절실하게 필요한 때다.

이제 우리 모두가 공감시민이 되어야 한다. "우리는 과연
제때에 지구촌의 붕괴를 피하고 생물권 의식과 범세계적인
공감에 이를 수 있을까"(리프킨, 2010: 761)라는 걱정이 담
긴 질문은 우리 모두가 책임감 있게 답해야 할 지상과제다.
문명사회를 이루는 길은 공감을 나누는 길이어야 하기에.

---

5   사회복지공동모금회 부산지회 1인가구 고립생 예방 지원사업, 2022.

누구에게나 나타나는 공감의 예

2022년 4월 에버랜드의 10인승 물놀이시설 '아마존 익스프레스' 탑승장에서 일하는 캐스트(아르바이트생)의 안내 멘트 영상이 업로드한 지 두 달 만에 누적 조회수 2천만, 좋아요 26만을 기록했다. 퇴근만 기다리는 듯 영혼 없어 보이는 눈빛을 한 채 랩으로 안내하면서도 목소리만큼은 생기발랄한 모습이 많은 직장인들의 공감을 자아냈다.

눈으로는 승객의 안전을 확인하며 적당한 텐션으로 귀에 쏙 들어오는 속사포 랩을 내뱉는 모습이 영혼 없이 지친 것 같으면서도 해야 할 일은 해내는 본인들의 모습과 겹쳐 보이면서 정서적 공감을 불러일으킨 것이다. "소울리스좌"라는 별명까지 얻은 이 영상의 주인공은 지금까지도 수많은 국민들에게 공감의 아이콘으로 언급되고 있는데, 영상 속

캐스트가 나에게 주는 강렬한 동질의 느낌과 생각이 공감을 일으키게 했던 것이다.

"소울리스좌" 영상은 누구에게나 공감이 나타난다는 사실을 보여 주는 좋은 예다. 그러나 이 공감의 상태가 진정한 공감의 상태로 진화하고 발전하려면 소통이 있어야 한다. 그리고 적절한 행동이 이어져 사회책임으로까지 연결된다면 더없이 바람직할 것이다. 영상을 즐기는 데 머물지 않고 영상에 담긴 비정규직의 고달픔이라는 문제를 해결하는 수준까지 이어진다면 진정한 공감의 상태가 되는 것이다.

요즘 버스정류장에서 버스가 어느 방향으로 가는지를 알려 주는 화살표 스티커가 버스노선도에 붙어 있는 것을 쉽게 볼 수 있다. 지금은 스마트폰으로 버스 운행방향을 쉽게 알 수 있지만 스마트폰이 대중화되지 않았던 시절에는 반대 방향으로 가는 버스를 타 불편을 겪는 사람들이 많았다. 이 스티커가 공감이 이끌어낸 사회책임의 결과이다.

2011년 대학생이었던 이민호 씨는 버스를 거꾸로 타는 일을 직접 경험하고 난 뒤 다른 시민들도 똑같은 불편함을 느낄 것이라는 데 공감하여 7개월 동안 자전거를 타고 돌아다니며 화살표 스티커를 직접 붙였고, '화살표 청년'으로 불리었다(〈리틀 빅 히어로〉, 2012. 10. 29. 방송). 불편함에 대한 공감을 행동의 공감으로 승화시키면서 사회적 책임으로서의 공감을 이루어낸 것이다.

앞서 공감은 사람과의 관계에서 발생하는 느낌이자 생각이며 행동이고 사회적 책임이라고 했다. 그리고 공감에는 소통이 전제되어야 한다고 말했다. 그러나 여기에 든 예들은 직접적인 관계를 맺지 않는 상황에서 발현된 공감을 보여 준다. 공감을 불러일으키는 상황이 꼭 서로가 서로를 잘 아는 관계에만 기초하지 않는다는 점을 보여 주는 좋은 예다. 공감적 관계는 직·간접적인 광범위한 관계를 모두 포함하기 때문이다.

그럼에도 중요한 것은 공감이 발현되기 위해서는 타인과의 관계 속에서 자기 자신을 긍정적으로 바라보아야 한다는 점이다. 수해나 눈사태 등 재난재해가 일어난 상황에서 동네 사람들이 모두 나와 물을 퍼내고 눈을 치우는 행위,

의인이 나타나 사고당한 이를 구하는 행위 등은 모두 이런 공감의 예이다.

교차로에 쏟아진 수백 개의 맥주병을 합심하여 한순간에 깨끗이 치우는 행동, 차 아래에 깔린 사람을 살리려고 모두 모여 차를 번쩍 들어 생명을 구하는 행동, 지하철 선로로 떨어진 사람을 온몸을 던져 구하는 행동 등, 홀로 또는 함께 사투를 벌여 다양한 위기상황에서 사람의 목숨을 건지고 문제를 해결한 행동들의 저변에는 위기를 겪고 있는 사람이 느끼는 고통에 대한 공감이 있다. 그리고 평소 자신이 해낼 수 있다는 긍정적인 사고가 밑바탕에 깔려 있다가, 자신도 인지하지 못하는 순간 행동으로서의 공감으로 발현된 결과이기도 하다. 자신에 대한 긍정적 사고는 공감을 위해서도 이렇게 중요하다.

5장

공감은 언제 왜

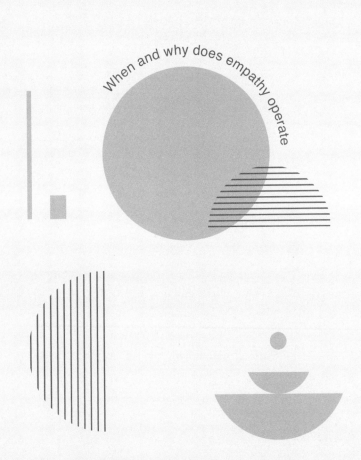

When and why does empathy operate

공감은 나에게 다가온
타인의 느낌과 생각을
내가 비슷하게 경험할 때 생긴다.

누구에게나 생기는 공감은 다른 사람과 내가 비슷한 느낌과 생각을
경험할 때 발생한다.

　긍정적이고 기쁜 상황에서도 비슷하게 느끼고 생각할 수 있다. 그
러나 공감은 기본적으로 힘든 상황에 놓였거나 그 어려움을 비슷하게
느낄 때 발생하는 감정을 의미한다. 다른 사람의 고통과 스트레스가
나에게도 비슷한 수준의 고통과 스트레스로 다가와, 그 사람과 비슷
한 감정을 느낄 때 발생한다는 뜻이다.

　피해자의 고통을 비슷한 정도로 느끼며 많은 사람들이 공감했고,
그렇게 전 국민의 울분을 산 '정인이 사건'이 아마 고통에 공감한 사례
중 최악의 사건일 것이다. 정인이가 경험했을 고통과 스트레스가 그
상황을 멀리서 지켜보기만 하던 사람들에게도 그대로 전달되었기 때
문이다.

　태어난 지 16개월. 너무 어려 아직 자신의 의사조차 자유롭게 표현
하지 못하고 자기방어도 제대로 하지 못하는 어린 아기가 겪었을 고

통이 사람들에게 고스란히 전달되었다. 그리고 그 공감이 탄원서 제출과 서명운동 등의 진화한 형태로 표출되면서 사회적 책임으로서의 공감을 이루어 냈다. 그리고 그 사회적 책임으로서의 공감은 또다시 전 국민의 가슴에 공감을 불러일으켰다.

공감은 사람과의 관계에서 발생하는 느낌이자 생각이며 행동이고 사회적 책임이라고 했다. 그리고 소통이 있어야 한다고 했다. 따라서 옆 사람이 고통과 스트레스로 인해 고통을 느끼고 있다면 우선 첫 번째, 들어주는 것이 가장 중요하다.

그리고 두 번째, 공감한다고 표현해야 한다. 이때 공감하는 감정을 반드시 표현해야 한다. 그냥 들어만 주면 공감이 아니라 동정이라고 이미 말했다. '소통해야 공감'이라고.

그리고 마지막으로 세 번째, '이러한 것을 함께해 보자'고 제안하면서 함께 행동으로 옮겨야 한다. 그래야 다른 사람의 고통과 스트레스를 내가 비슷한 수준으로 느끼면서 사회적으로 책임감 있게 행동하는 사회적 공감으로 이어진다.

여기서 말하는 세 가지 원칙은 어렵지 않다. 앞서 공감은 타인과의 관계 속에서 자기 자신을 긍정적으로 바라보는 것에서부터 시작한다고 했고, 또한 이 긍정적 인식은 연습을 통해 키울 수 있다고 설명했다. 공감은 누구에게나 나타나기에 우리는 누구나 공감을 잘해 낼 수 있다.

그런 공감을 가장 잘 해내는 전문직이 사회복지사다. 사회복지사는 공감의 대표주자다. 클라이언트가 하는 말에, 클라이언트가 보이는 행동에 사회복지사는 공감한다. 그 공감의 능력, 공감의 힘으로 클라이언트가 어떤 상황에 처했는지 알아채고 무엇을 필요로 하는지 알아낸다. 사회복지사는 공감을 통해서 감정이입을 해내고, 감정이입한 상태에서 친밀감을 느끼며, 거기서 라포를 형성한다. 라포의 상태가 전문가로서의 책임감을 불러일으키면서, 사회복지사는 어떤 상황에서도 클라이언트를 중심으로 한 사고와 행동을 취한다.

2020년의 혹독했던 COVID-19 팬데믹을 경험한 사회복지사들에게 그들의 경험을 물었다. 복지관과 센터 등의 시설더러 문을 닫으라고 하면서도 이용자들에게 서비스는 제공해 주어야 한다고 지시하는, 마스크도 지원해 주지 않으면서 무조건 이용자를 만나러 나가라고 하는 사상 초유의 감염병 비상사태였다.

안내도 지침도 없이 통제와 감시만 강화된 이런 난감한 위기 상황을 거치며 사회복지사들은 어떤 경험을 했는지, 어떤 마음으로 무엇을 했는지 물었다. 문 닫은 복지관과 센터 등 시설 앞에서 이용자들 역시 우리는 어떻게 해야 하냐고 계속 물어 올 때, '비대면서비스 제공'이라는 생전 처음 듣는 상황으로 내몰리면서 어떤 마음으로 이용자들을 만났는지 물었다.

예상했던 대로, 아니 그보다 더 강력한 수준의 공감과 책임감이 사회복지사들을 움직였음을 알 수 있었다. 사회복지사들은 자신들이 사회복지사라서 당연하게 해야 할 일을 하면서 자리를 지켜 왔다고 말했다. 사회복지사의 역할이 대체 무엇이기에 '사회복지사라서' 자리를 지켰다는 말인가. 무엇이 당연하기에 '당연하게' 할 일을 했다는 것인가. 어떤 마음과 어떤 생각으로 '자리를 지켜 왔다'는 것인가. 그 답이 사회복지사들의 이야기 속에 녹아 있었다. 사회복지사들의 이야기 속에 '누구에게, 언제, 왜' 공감이 작동했는가라는 질문에 대한 답이 있었다.

기본적으로 사회복지사는 자신이 처한 상황 때문에 힘들어 하는 국민들을 위해 최일선에서 봉사하는 전문직이라는 생각을 갖고 있었다. 이는 전문직이 갖고 있는 일종의 사명감과 같은 의식으로, 이들은 전문가라면 당연히 해야 하는 일이라고 생각했다. 그 당연한 사명감은 책임감으로 연결되어 결국에는 그 책임감이야말로 전문성이 아닌가라는 생각에 이르렀다. 그리고 그 전문성은 가장 취약한 상황에 있었던 사람들에 대한 공감으로 발현되었다.

고통 완화의 사명감과 책임감

사회복지사들은 자신들이 국민의 복지를 위해 헌신하고 봉사해야 하는 사명을 띤 전문가라는 인식을 뚜렷하게 갖고 있었다. 그 사명감은 평온한 시절이든지 팬데믹 상황이든지 다를 바 없는 사회복지사로서의 기본이었다.

어찌 됐든 국민들이 어려움에 처했을 때 가장 최전선에서 일해야 하는 사람들이라고 당연히 생각했고, 또 그것에 따라서 지침대로 임무를 수행한 거고.

내가 (직업으로) 사회복지사를 선택했는데 사회복지사는 어떤 상황에 있어도 그 상황을 회피하기보다는 직면해야 되는 거 아니야? 이런 마인드는 있는 거예요.

'이걸 왜 하냐'에 대한 의문을 제기를 하지는 않았던 것 같아요. 당연히 우리가 해야 하는 부분 아닌가? 이게 사명감이 되었고. 노숙인들에 대한 애정? 이런 게 있고. 뭐 다른 선생님들이 말씀 하셨다시피 '최후의 보루'? 사실 '노숙인들 우리가 케어하거나 또 지켜 주거나 하는 어떤 역할을 하지 않으면 어디서 이거를 하겠느냐'. 이런 상황들이 맞물려져 있던 부분들이 있었고요.

책임감이 1순위인 거 같아요. 시설 안에서 그런 자발적인 노력 이 없이는 사실 조금 많이 힘들지 않았을까 싶고. 직원들도 사실 많이 힘들었어요. 이용자들을 위한 책임감을 가지고 하면 서 그런 것들이 원동력이 되지 않았나 싶습니다.

저희가 일을 하지 않으면 그분들은 갈 곳이 없거든요. 그래서 하루에 한 번을 오시든, 일주일에 한 번을 오시든 저희가 여기 가 아니면 사람 만날 곳이 없으니까. 당연히 해야 된다고 생각 하고 있어요. 저희가 당연하게 살고 있는 이런 일상들을 영위 하기가 되게 어려운 분들을 지원하고 그분들의 관계망을 넓혀 주는 게 저희 일이니까. 코로나가 있다고 해서 안 하고, 없다 고 더 하기보다는. 그게 저의 역할이니까 하는 거 같아요.

우리가 처한 이 위치에서 최선을 다하고 사회복지사의 역할을 하는 게 당연하고 옳은 일이다, 이런 생각이었습니다.

사회복지사들이 말하는 책임감은 시설이용자들에 대한 공감을 바탕으로 하는 것이었다. 우리 시설 아니면, 우리 시설에서 이들을 돌보지 않으면, 그래서 우리 시설을 사회복지사들이 지켜 주지 않으면 사지로 내몰리고 방치될 게 뻔한 이용자들의 상황에 공감한 결과였다. 정신적·신체적·환경적 어려움에 처할 이용자들의 마음에 공감하지 않으면서 책임감만으로 이용자들을 지켜낼 수는 없다. 공감은 이렇게 다가왔다.

어려운 상황에의 공감

사회복지사들에게 공감은 이렇게 다가왔다.

공감하는 그런 것들? 그러니까 굳이 말을 하지 않아도 '저 사람이 지금 내 이야기를 잘 들어주고 내가 힘든 게 뭔지 알고 있구나'라고 느껴지게 하는 그 자체가 치유하게 하는 힘인 것 같다는 생각이 들었어요.

진짜 공감력인 것 같아요. 그 사람의 마음을 얼마나 내가 이해하고 그 사람의 감정을, 내가 그 사람이 돼서 생각해 보고 그 사람의 마음을 이해해서 풀어 줄 수 있는. 내가 어떤 일을 해 줄 수 있는 부분, 풀어 줄 수 있는 부분들은 극히 작아요. 근데 정말 말씀하신 것처럼 진실하게 바라보고 들어주는 것만으로도 나중에 막 이야기하시다가 풀어지시잖아요. 사람의 마음을 읽으며 같이 공감해 줄 수 있는 공감력이 굉장히 많이 필요하구나.

어르신에 대한, 그 시대를 살아 생존해 오신 그 어르신들에 대한 공감력? 치매에 대한 전문성, 또 존엄에 대한 다양한 영역에서 전문직으로서의 역할을 해 주지 않는다면 사실은 굉장히 어려움이 많은. 코로나를 떠나서도, 우리는 코로나가 아니어도 어르신들 케어하는 상황들이 좀 특수한 상황들이잖아요?

계속 말은 반복되는데 공감, 이해를 빨리 캐치해서 빨리 가서 그분들이 무엇을 원하시는지를, 그냥 기계적으로 보는 것이 아니라 공감해서 봐드리는 것. 그리고 그분들이 필요한 거나 욕구 해결, 그러니깐 문제해결보다는 들어주는 것.

이들은 치유의 힘이 공감에 있음을 고백하였다. 이용자의 감정을 이해하고, 이용자의 마음을 읽어 보고, 이용자가 되어 보고, 이용자가 되어서 생각해 보고. 이렇게 공감하는 마음으로 하니까 저절로 풀어지더라는 말이었다. 처음 경험해 보는 전국적인 위기 상황에서 사회복지사들은 맞닥뜨

린 문제를 해결하기가 쉽지 않아 힘들었지만 결국 문제해결
보다 공감이 더 중요하다는 사실을 깨닫는 값진 경험을 할
수 있었다. 그리고 그렇게 찾아온 공감은 전문성으로 연결
되었다.

공감의 전문성

이런 위기 상황에 놓인 시설이용자들을 보호하는 일에서는 공감의 전문성이 가장 큰 빛을 발휘하였다.

전문성이라고 하면 공감하는 능력이겠죠. 자기가 표현하지 못해도 어떤 것들이 지금 힘들고, 고민되고, 속상한지를 살을 부대끼면서 살다 보니까. 알고 싶지 않아도 다 알게 되고. 그런 것들을 통해서 코로나 상황에서도, 집에서도 좀더 즐겁게 생활할 수 있는 방법들이 뭔지 알아내고 고민하고 직원들끼리 그런 것들을 나눌 수 있는, 그런 것들이 저희 전문성이 아닌가 그렇게 생각합니다.

가장 크게 발휘되었던 우리 사회복지사 종사자들의 전문성은 사람에 대한 이해인 것 같아요. 아까 우리 주제에 맞는 공감능력이라는 게 그 사람의 감정을 읽는 것, 그런 것도 포함되는 것들이잖아요. 지금은 서로가 힘들다는 것을 빨리 인식하고, 그런 인식한 것들에 대해서 표현할 줄 알아야 되고, 그런 표현하는 방법들에 대해서도 조금 더 대상자들에 따라서, 보호자의 성향에 따라서 표현하는 방법도 달리했어야 했던 것 같고. 갈등 안에서 무엇을 이야기하고 싶었던 것인지 느끼려고 노력했던 것 같고. 그래서 저는 사람에 대한 이해 그러니깐 사람에 대한 관심과 이해를 갖기 위해 관찰하는 것이죠.

갑자기 감정이 올라오다 보니깐 그럴 때 오히려 요즘에는 그 어르신이 처한 상황이나 지금의 환경, 그다음에 그 어르신들의 마음을 볼 수 있는 그런 역량이 필요하지 않을까. 예전 같았으면 직원들도 다소 감정적으로 대하는 경우들도 생기고 그랬을 텐데 요즘에는 오히려 직원들도 더 의연하게 대처하기도 하고 어르신들의 이야기들을 더 들어드리려고 하고. 잘 들어드리면 생각보다 정말 많이, 금방 풀어지시기도 하더라고요. 예전에는 어떤 해결들을 바랐다면 지금은 그냥 잘 들어주고 꼭 해결되지 않더라도 마음을 볼 수 있는 그런 역량들이 많이 필요하지 않을까 싶습니다.

공감하는 능력, 마음을 볼 수 있는 능력, 이용자들의 마음을 보고 이용자들과 공감하는 마음을 나누며 그 공감을 통해 이용자를 이해하는 것. 이것이 사회복지 전문성이라고 이들은 말했다. 그리고 그 이해는 이해로만 머물지 않고 이용자들과 허심탄회하게 소통하는 단계로 발전되었다. 열심히 듣고, 들은 것을 바탕으로 소통하는 과정에서 문제가 저절로 해결되는 것을 경험하기도 했다고 고백하였다.

처음 경험해 보는 상황에서 문제해결을 위한 기본적인 개입은 바로 공감적 소통이었다. 언제 끝날지 모르는 팬데믹 기간이 길어질수록 정서적이고 인지적인 공감이 경청과 소통이라는 행동으로 드러나는 실천적 공감으로 진화하고 있었다. 공감하기 위한 경청과 소통이 얼마나 중요한지 이번 팬데믹 상황에서 절실하게 깨우치는 순간이었다.

다시 사명감

공감은 다시 책임감으로 연결되었다. 사회복지사들은 머리카락이 길어져도 미용실에 가는 것을 미뤄 가면서 가급적 이용자들 외에는 다른 사람들과의 접촉을 삼가는 조심스러운 태도를 갖게 되었다. 이를 가리켜 이들은 책임감의 발현이라고 했다.

저는 그런 것 같아요. '이게 해야 되는 일이 아닐까? 어떻게 보면 책임성이랑 같은 이야기 아닐까?' 제가 지금 머리를 왕창 기르고 있는데. (웃음) 미용실을 안 가거든요. 마트 이런 곳들을 안 가요. 나랑 내가 접하는 클라이언트들의 안전을 위해서 외부접촉을 줄이는 거죠.

어떻게 보면 내 나름의 노력들을 해 나가는 거죠. 뭐 실은 어떻게 보면 저는 되게 당연하게 받아들여지거든요.

어르신들이 이전의 필요들과 지금 상황의 필요들이 많이 달라졌기 때문에 새로운 필요들이 계속 생기는 거죠. 그러다 보니깐 그 필요들을 아무튼 채워드려야 하는 것들이 있기 때문에 계속해 왔던 것 같고.

프로그램 덕분에 화분이랑 꽃이 집 안에 너무 많고, 넉넉해지니까. 집 분위기도 너무 좋고 입주자분들도 집에서 하루 종일 있는데 꽃 보고 화분 보고. 자기가 만든 것도 전시하고 이러니까 너무 좋아하시더라고요. 그래서 리프레시 하면서 많이 좋아했던 기억이 있어요.

저희 센터는 어떻게 보면 심리적 지원이고 코로나 블루와 연관되어 있거든요. 그래서 저희가 하지 않으면 사실은 공적인 영역이 없다고 생각이 들고. 반드시 해야 된다고 생각하고 있어서. 직접적으로 저희가 의료 인력으로 채용이 돼서 일을 하는 건 아니지만. 직·간접적으로는 영향을 미치고 있기 때문에.

저희도 그 일이 필요하다고 생각이 들고. 상대방도 그런 부분들도 요구하고 원하기 때문에 저희가 코로나 관련돼서 자가격리자분들한테도 심리지원을 하고 있거든요. 많은 사람들의 생명을 지킬 수 있는 일이기 때문에 더 열심히 하고 있다고 생각이 듭니다.

저희가 아니면 하루 종일 아무도 찾아오지 않겠다는 생각이 들더라구요. 한 분의 어르신, 한 분의 지역 주민, 이런 식의 생각이 떠오르더라고요. 그러니까 저희가 식사를 직접 배달하는 거 자체가 너무 힘들고, 안 해 본 직원들은 집 찾기도 어렵고. 다 쪽방이다 보니. 너무 어렵고 그렇지만, 그럼에도 불구하고 찾아갔었던 이유가, (저희가) 아니면 어르신들은 거의 일주일 내내 누군가 만날 여력이 전혀 없으신 거예요. 만날 여지도 없으신 거예요. 그 잠깐, 반찬 드리는 5분에서 10분 사이가 너무도 기다려지시는 순간이고. 그런 것들을 알게 되니까, 우리가 만나야 될 당사자들 안 만날 수는 없겠구나. 그런 생각들을 좀 가지고 직원들이랑 같이 일을 했던 거 같아요.

'우리가 만나지 않으면 그분들은 누가 만나러 가냐' 하는 이야기들을 계속하면서, 조금씩 나가고 대면하고 하는 것들의 중요성을 다시 인식하고, 우리는 가장 기초 선을 지키는 게 우리의 역할이지 않을까 해서 '제일 기본적인 것부터 다시 하는 게 맞다' 하는 기관 내에 공감이 있었고.

코로나가 터지고 나서는 정말 대인관계를 할 수 있는 사람이 저희밖에 없는 거예요. 그러니까 하루에도 수십 번씩 전화가 오면서 '오늘 밥 뭐 먹었니?' '선생님, 오늘 밥 뭐 먹었어요.' 정말 속에 있는 이야기들을 많이 했었거든요. 근데 사실 그게 처음에는 좀 힘들었긴 했는데 이게 시간이 지날수록 회원분들이랑 이래도 저래도 내 편, 내가 징징거리는 걸 다 들어주는 사람. 약간 이런 식으로 좀더 많이 친해진 관계가 됐던 것 같아요.

COVID-19 팬데믹 상황에서 새롭게 필요로 하는 것들이 사회복지사로서 눈에 보이자, 굳이 말하지 않아도 필요로 하는 것들이 달라졌음을 알고 이를 채우기 위해 계속 일할 수밖에 없었다는 것이다.

공감의 힘으로 이겨낸 시간들

정부의 지원은 없었다. 의료진들은 그나마 최소한의 지원이라도 받았지만 사회복지사들과 사회복지기관에서 근무하는 사회복지 인력에게는 방역을 위한 지원이 거의 전혀 주어지지 않았다. 그럼에도 불구하고 사회복지사들은 시설이용자들이 자신들을 기다리고 있음을, 자신들밖에는 그들을 찾아주는 사람이 없음을, 그리고 그들을 찾아올 수 있는 사람이 자신들밖에 없음을 알았기에, 또한 이들의 간절한 마음에 공감했기에 위험을 무릅쓰고 그들이 있는 곳으로 나갔고 그들을 자신들이 있는 곳으로 불러들였다.

어머님들도 보호자분들도 그렇고 회원분들도 저희를 보자마자 '너무 보고 싶었다', '천국이다', '얼굴 보고 얘기하니까 너무너무 좋다'라고 표현해 주시고. 사실 저는 회원분들이 프로그램 듣는 거 되게 싫어하실 줄 알았거든요. 온라인 프로그램 전환을 했는데 안 되는 거를 끝까지 들어오시려고 노력하고, 들어와서 프로그램 들으니까 너무 좋다고 너무 재미있다고 얘기를 해 주시는데 좀 뒤통수를 맞은 기분이었어요. 왜냐하면 저는 그냥 약간 기계적… 이런 표현이 적절할지 모르겠지만 기계적으로, 습관적으로 프로그램을 돌리고 저는 그냥 저희 업무를 했던 건데. 이런 서비스 부재가 회원분들이랑 어머님들이 느낄 때는 굉장히 의미가 컸었구나. 그래서 내가 이제 상담을 하든 내가 프로그램을 하나 돌리든 정말 최선을 다해야겠다는 생각이 많이 들더라고요.

아무래도 취약 가구 같은 경우에는 이제 일상이 멈춘? 그러니까 뭔가 다른 계층에서는 대안을 찾고 뭔가 이렇게 어려움도 호소하고 할 수 있지만 취약계층 주민들 같은 경우에는 그냥 일상 자체가 멈춰 버려서 그런 거에 대한 어려움들이 있으셨던 걸로 저희는 느껴졌고요.

특별한 게 아니면 가정 방문을 자제하라 이런 거잖아요. 그렇게 나오니까 라포 형성이라든지 이런 것도 많은 어려움이 있

고. 지금 비대면 상황에서 라포 형성이 좀 어렵다 보니까 저희
가 사례 관리 쪽도 작년에 거의 이제 대상자분이 안 나오다 보
니까 나중에 발굴되는 사례는 거의 손을 쓰지 못할 정도로 갑
자기 긴급한 상황이 되는 그런 위기 사례도 몇 개 좀 있었거든
요. 이런 사례는 사전에 조금 더 빠르게 접근했으면 가정 방문
이 잘 되고 했으면 좋았을 텐데 너무 손쓰지 못할 정도로 가서
그런 악화된 사례도 좀 있었고 해서 좀 마음이 아팠던 기억들.

그러니까 클라이언트가 아니라 사람으로 보게 된 것. 그런 것
들이 사회복지사들에게 조금 더 많이 강해졌어요.

사실 사회복지사들의 특성상 계속해서 대면업무를 해야 하는
그런 것들을 충분히 이해할 수도 있었던 것 같고…. 그냥 당연
히 해야 한다고 생각을 했었던 것 같고. 이거는 하고 이런 거는
안 한다, 그렇게 받아들이지는 아예 못했던 것 같아요.

팬데믹은 사회복지사들의 일상을 뒤흔들어 놓았다. 사회
복지사들이 당연하게 생각하면서 해 오던 일을 돌아보게 만
들었고, 일에 대해 새롭게 생각해 보는 계기를 만들어 주었

다. 일상적이고 기계적으로 해 오던 일들에 다시 의미를 부여하는 기회를 제공해 주었다. 사회복지사들은 팬데믹 상황에서 취약계층이 이전보다 더욱 취약해지고, 이들을 둘러싼 복지안전망이 더욱 축소되는 것을 느끼면서 지금까지 맺어 오던 클라이언트와의 관계가 지닌 의미를 다시 생각하게 되었다.

그냥 사회복지사와 클라이언트, 종사자와 이용자, 이런 공식적인 관계만이 다가 아니었음을 절감하는 시간이었다. 클라이언트를 단순히 클라이언트가 아니라 엄연한 사람이자 사회의 일원으로서 보고 느낄 수 있는 시간이었다. 그리고 클라이언트가 아니라 사람으로서 진심으로 이들을 대하게 되었다. 사회복지사는 업무를 수행한 것뿐이었지만 클라이언트는 천국을 경험하고 있었음을 알게 된 경험은 클라이언트를 한 명의 고유한 권한을 가진 사람으로 인식하는 좋은 계기가 되었다.

그렇지만 사회복지사들도 섭섭하긴 했다. 선별진료소에서 검사가 제대로 이루어지려면 의료진의 의료업무뿐만 아니라 행정이나 안내업무도 잘 처리해야 하기 때문에, 사회복지사들도 위험한 상황에 노출될 수밖에 없었다. 사실 모두에게나 똑같이 힘든 일이었다.

그러나 사회복지사들에게는 사회적인 관심이 전혀 주어지지 않았다. '뭐가 힘든데?' 하는 식의 반응은 이미 만성피로와 체력 소진에 힘들어 하던 사회복지사들을 더욱 지치게 했다. 그러나 아무도 알아주지 않아도 사회복지사들은 매주 1번씩 코를 찔리며 코로나 검사를 받고, 고통과 불편을 감내하면서 현장에 남아 있었다. 그것은 공감의 힘이었다. 그렇기에 동시에 자신들도 공감받고 싶었다.

선별진료소는 의료진이 다 하는 거 아니냐고, 의사 간호사들이 하는 거 아니냐고 하는데 사실 거기 안내라든지, 전산 입력하는 행정업무를 하는 데 저희가 한 진료소별로 최소한 14명에서 15명은 투입이 되거든요. 거기에 역학조사반에도 순번 돌아가면서 2주 동안 파견을 나가요. 그리고 자가격리반에도 2주 또 나갔고, 지금은 생활치료센터가 있어서 거기도 2주 정도 직원이 또 파견 나가야 해요. 지원 근무 나가다 보면 남아 있는 직원이 그 파견직원 업무를 다 해야 되고, 파견직원은 돌아와서 업무가 밀려 있으면 또 해야 되고. 계속 악순환이 되는 거예요. 직원들이 좀 일할 수 있는 의욕이 있어야 되는데 의욕도 상실이 되는 것이 많고.

'우리 슈퍼 항체가 있는 거 아니냐', 저희가 주 1회로 계속 검사를 하는데 계속! 음성이 나오는 거예요. 그래서 우스갯소리로 그런 얘기를 했던 게 생각이 납니다. 어르신 한 분이 "아이고 사회복지사 선생님들이 참 고생이 많아." 그냥 이렇게 한 말씀을 하시고 가시는데. '아⋯ 참⋯ 저런 분들이, 저희 복지관 이용하시는 분들이 다 저런 마음이시겠구나. 더 열심히 해야겠구나'라는 생각이 들었어요. 모든 과정이 다 그냥 그렇게 해야 된다라고.

저희도 가정방문 나갈 때 '좀 이런 방역복을 다 구비를 해 줘야 되지 않냐'(웃음) 이런 이야기를 했었는데. 그 정도까지는 아니고 '마스크만이라도 좀 지원해 줬으면 좋겠다'(웃음) 이 정도 생각은 드는데. 그런 것도 일단은 지원은 안 되고 있는 상황이고. 백신주사 맞을 때 이제 보건소 인력들은 어느 정도 맞으셨는데. 저희는 연락이 없는 거예요.

진짜 시설 안에서만 갇혀 살았다고 생각하시면 되고요. 선생님들이 충분히 쉬지를 못하잖아요. 휴게시간이 있다고 하더라도. 그래서 그런 거에 대한 인력 충원이나 이런 것들 요구를 많이 해도 사실은 코로나로 외부인이 들어올 수도 없는 상황이고. 그래서 대체인력 받는 것도 사실은 쉽지 않았고. 마스크라도, 위생용품이라든지 방역용품이라든지 그런 거를 구해서 배분해 줄 때, 거주시설은 좀 많이 주지는 않으시더라구요. 매일 쓰고 또 이거를 하루에 하나만 쓰는 게 아니거든요. 여기는 1년 365일 매일 돌아가는 곳인데.

"누구든지 자기의 유익을 구하지 말고 남의 이익을 구하라"는 성경 말씀(〈고린도전서〉 10:24)을 굳이 인용하지 않더라도 사회복지사들은 항상 자신의 이익보다 클라이언트의 이익을 우선시하는 사람들이다. 생명에 위협이 가해지는 팬데믹 상황에서도 변함없이 클라이언트를 먼저 생각했던 사회복지사들이 있었기에 현장이 지켜질 수 있었다. 누가 알아주든 말든 이들은 꿋꿋하게 사회복지 현장을 지켜냈다.

클라이언트와 공감하는 사회복지사들이었기에 가능한 일이었다. 이들이 있었기에 클라이언트들이 각자의 집에서, 또는 격리 수용된 시설에서 살아갈 수 있었다. 클라이언트와 공감적 소통을 하면서 그들의 내면에 숨어 있던 어려움까지도 찾아내는 사회복지사들 덕분에 현장은 사람들이 같이 살아가는 곳으로 유지될 수 있었던 것이다.

6장

공감이 나에게도

Where is empathy in me

공감은 나에게도 있다.

공감이, 공감능력이 나에게도 있는지 궁금해진다.

그렇다. 나에게도 분명히 공감능력이 있다. 공감능력은 누구에게나 있다. 내 마음속에, 내 생각 속에 공감은 자리하고 있다. 다만 나에게 공감능력이 있는지 별로 생각해 보지도 않았거나, 공감능력을 자주 발휘하지 않았다면 나에게도 공감능력이 있다고 자신 있게 말하기가 어려울 뿐이다.

사람들 중에는 유난히 공감능력이 발달한 사람이 있고 그렇지 못한 사람이 있다. 또한 유난히 공감능력을 잘 발휘하는 삶을 사는 사람이 있고 그렇지 않은 사람이 있다. 동일한 상황에서도 어떤 사람은 유난히 '공감한다', '공감된다'라는 말을 많이 하는 반면, 어떤 사람은 '공감된다'는 말을 전혀 하지 않는다. 공감하지 못하는 사람을 이해하지 못하겠다는 반응, 공감하는 사람을 이해하지 못하겠다는 반응이 엇갈린다.

앞서 공감은 누구나 태어날 때부터 갖고 태어나는 본능 같은 것이지만 무뎌지거나 어설퍼지지 않도록 노력하고(드 발, 2019) 계발해야 하는 능력이라고 했다. 내가 공감을 잘하는 사람이라면 그 공감능력이 어떤 차원의 공감능력이며 얼마나 강력한지 알아보고 싶어진다. 내가 그다지 공감을 잘하지 못하는 사람이라면 나는 왜, 어떤 차원에서 공감능력을 발휘하지 못하는 것인지 궁금해진다.

그래서 공감의 정도를 측정할 수 있는 척도를 개발했다. 공감을 잘하는 사람도, 공감을 잘하지 못한다고 생각하는 사람도 이 척도를 통해 자신이 어느 정도의 공감능력을 지녔는지, 어떤 영역에서 공감을 잘하는지, 혹은 잘하지 못하는지 알아볼 수 있는 좋은 지표가 될 것이다.

이미 존재하는 몇 가지 척도가 있다. 국내에서 개발된 것도 있고, 해외에서 개발된 것도 있다. 그 척도들을 살펴보면서 내가 중요하다고 생각하는 요소들로 새롭게 구성해 보았다. 이 척도를 개발하는 데 많은 사람들의 협조가 있었다. 그런 만큼 이 공감척도가 공감의 정도를 측정하는 데 적합하다고 생각한다.

'공감척도'

우선 이 공감척도가 어떻게 개발되었는지 간단히 소개하고 나서 자세한 내용을 설명하도록 하겠다. 신뢰해도 좋은 타당한 척도임을 확인해 주기 위함이다.

공감척도는 총 25문항으로 구성되었다. 2021년 우리 공감연구팀은 1단계로 공감에 관한 기존 연구들을 검토하면서 문항을 만들고 사회복지사들과 인터뷰 방식으로 토론하면서 문항을 정리했다. 2단계로 사회복지학과 대학원생들이 문항을 검토하고, 사회복지학과 교수들과 현장 전문가들이 타당도를 확인 및 조정하는 작업을 거쳐 공감척도의 1차안을 구성하였다. 마지막으로 3단계에서는 사회복지사 302명의 설문조사 결과를 요인분석 하여 척도 구성에 맞지 않는 문항들을 버리고 신뢰도와 타당도가 높은 4개 차원의 총 25문항으로 이루어진 현재의 척도를 완성했다.

   공감척도는 앞서 공감의 개념을 4개 차원에서 정의한 것과 동일하게 4개 차원으로 구성되었다. 총 25개의 문항은 각 차원마다 최소 4개에서 최대 9개 문항까지 배치되었다. 각 문항은 '매우 그렇다'를 측정하는 5점, '그렇다'를 측정하는 4점, '그저 그렇다'를 측정하는 3점, '그렇지 않다'를 측정하는 2점, 그리고 '매우 그렇지 않다'를 측정하는 1점 등 1점부터 5점까지의 척도로 측정하게 되어 있다. 각 차원의 신뢰도와 전체 척도의 신뢰도는 매우 높다. 전체 척도의 신뢰도계수(크론바흐알파Cronbach's alpha)는 0.90이다.

   각 차원은 전체 공감척도의 하위척도로 사용될 수 있다. 척도를 개발할 때 설문에 응해 준 사회복지사들의 공감 평균 값은 4.08점(표준편차 0.39)이었다. 이 점수는 절댓값이 아니다. 사회복지사의 기준값이나 표준값은 더욱 아니다. 척도를 개발하는 과정에서 설문에 응해 준 사회복지사들의 평균 점수일 뿐이다. 따라서 이 점수가 높다느니 낮다느니, 높아서 좋다느니 더 높아야 한다느니와 같이 이 점수에 큰 의미를 부여하는 것은 적절하지 않다. 그저 내 점수와 비교해 볼 수 있는 수치일 뿐이라고 이해하는 편이 바람직하다.

지금부터 소개하는 각 하위척도를 사용하여 자신의 공감 점수를 한번 계산해 보면 자기 안에 있는 공감능력이 있는 지, 어느 수준인지 알 수 있다. 다른 사람들과 이 척도를 사용하여 비교해 봐도 의미 있을 수 있겠다. 또는 여기 제시된 척도를 개발할 당시 응답한 사회복지사들의 평균 공감 점수와 비교해 보는 것도 의미 있겠다.

느낌차원: 공감느낌척도

느낌의 공감은 '공감느낌척도'로 측정해 볼 수 있다.
느낌으로서의 공감은 감정이입이다. 상대방의 입장이 되어 그 사람이 느끼는 감정을 그대로 느낄 수 있는 것, 그러나 그 사람의 감정에 압도당하지 않고 평정을 유지하면서 그의 감정을 그 상황의 맥락 안에서 비슷하게 느낄 수 있는 것, 이것이 '느낌차원'의 공감이다.

느낌 차원의 공감능력을 어느 수준으로 갖고 있는지 알고 싶다면 〈표 1〉의 9개 문항에 답해 보면 된다. 사회복지사들의 느낌차원 점수는 3.83점 (표준편차 0.53) 이었다.

공감은 상대방의 입장이 되는 것이다. 상대방의 입장이 되어 기쁨, 슬픔, 즐거움, 외로움, 괴로움, 두려움을 그와 동일하게 느끼는 것이다. 상대방이 기쁠 때나 슬플 때 나도

〈표 1〉

공감척도 - 공감느낌척도

○ 나는 상대방의 입장이 되어서 느낄 수 있다.

○ 나는 상대방의 감정을 그 감정 그대로 느낄 수 있다.

○ 나는 상대방이 느끼는 감정이 어떤 것인지 정확하게 느낄 수 있다.

○ 나는 상대방이 자신의 느낌을 말할 때 그 느낌을 그대로 느낄 수 있다.

○ 나는 상대방이 고통스러워할 때 나도 그와 비슷하게 고통을 느낀다.

○ 나는 상대방이 받고 있는 정신적 스트레스를 느낄 수 있다.

○ 나는 상대방이 경험한 것이
    그에게 어떤 느낌을 주는지 비슷하게 느낄 수 있다.

○ 나는 상대방이 영향을 받고 있는
    상황적 맥락 안에서 그의 감정을 느낄 수 있다.

○ 나는 상대방의 감정에 내 감정이 이입되고 있음을 느낄 수 있다.

같은 이유로 기쁘거나 슬프다. 상대방의 느낌과 감정 그대로를 느끼는 것이다. 그러다 보니 상대방이 어떤 감정인지 정확하게 느끼고 이해하게 된다.

공감하는 대상이 스트레스를 받고 있으면 그 스트레스 상황을 느낄 수 있고, 고통스러워하면 그 고통을 느낄 수 있다. 상대방이 처한 고통스러운 상황, 스트레스를 유발하는 상황의 맥락을 이해하고 그 맥락 안에서 상대방의 감정과 비슷한 감정을 경험하는 것이다. 이때 상대방의 감정에 내가 감정이입했음을 느끼는 일이 가능하다. 그리고 이와 같은 감정이입은 상대방의 감정을 있는 그대로 신뢰하고 있다는 사실의 방증이자 감정적 공감의 힘이다.

"이불 홑청을 꿰매면서 속옷 빨래를 하면서 나는 부끄러움의 가슴을 친다 (중략) 잔업 끝내고 돌아올 아내를 기다리며 이불 홑청을 꿰매면서 아픈 각성의 바늘을 찌른다"(박노해, 1984: 25~26). 박노해 시인의 〈이불을 꿰매면서〉에 나오는 구절이다. 일과 가정생활을 양립하는 아내의 어려움에 공감하지 못하던 자신을 자책하는 시다. 이 시구는 아내의 감정에 자신의 감정을 이입시키고 있음을 잘 보여 준다.

생각차원: 공감생각척도

생각의 공감은 '공감생각척도'로 측정해 볼 수 있다.

생각으로서의 공감은 상황 이해다. 상대방의 입장이 되어 그 사람이 느끼는 감정의 상태와 그가 처한 상황을 알아채고 그대로 이해하는 것이다. 상대방의 생각을 정확하게 파악하는 과정이기도 하다. 이 과정에서 상대방과 어느 정도 거리감을 유지하면서도 상대방에게 몰입하여 같은 차원으로 감정을 느껴야 하는데, 이때 객관성과 합리성을 갖고 상대방이 느끼는 감정의 상태를 인지할 수 있어야 한다.

생각으로서의 공감능력을 어느 수준으로 갖고 있는지 알고 싶다면 〈표 2〉의 5개 문항에 답해 보면 된다. 사회복지사들의 생각차원 점수는 4.05점(표준편차 0.48)이었다.

공감은 다른 사람의 관점과 시각을 이해하는 행위다. 그리고 나의 관점 및 시각과 별개의 것으로 구분하는 일이다. 따라서 그 시각과 관점이 나를 방해하지 않음을 이해할 뿐 아니라 그 시각과 관점을 존중해 줄 수 있다. 이것이 생각하는 차원에서의 공감의 상태이다. 그리고 상대방의 느낌

〈표 2〉

공감척도 - 공감생각척도

○　나는 상대방의 관점을 이해할 수 있다.

○　나는 상대방의 관점과 나의 관점을 구분할 수 있다.

○　나는 상대방을 이해할 때 그의 상황적 배경을 고려할 수 있다.

○　나는 상대방과 대화할 때 그 사람의 관점이나 견해를 고려한다.

○　나는 상대방의 감정이 나와 다르더라도 그의 감정을 수용할 수 있다.

과 감정이 다르더라도 있는 그대로 받아들일 수 있고, 그 사람이 처한 상황적 배경을 이해하고 배려하며 그의 감정과 느낌을 수용할 수 있다. 생각하는 공감의 힘이다.

행동차원: 공감행동척도

행동의 공감은 '공감행동척도'로 측정해 볼 수 있다.

　행동으로서의 공감은 상대방의 마음과 생각에 공감하는 체험을 한 뒤에 상대에 대한 반응을 실행에 옮기는 체험적 공감의 상태를 실천으로 실행해 내는 것이다. 어찌 보면 행동의 공감이 곧 공감의 완성이라고 할 수 있다. 공감은 무언 또는 유언의 행동을 통해서 상대방과 소통함을 의미하기 때문이다.

행동으로서의 공감능력을 어느 수준으로 갖고 있는지 알고 싶다면 〈표 3〉의 4개 문항에 답해 보면 된다. 사회복지사들의 행동차원 점수는 4.07점 (표준편차 0.53) 이었다.

행동으로서의 공감은 내가 공감한 내용이 무엇인지를 상대방에게 알려 주는 작업이다. 다만 상대방이 내가 그에게 공감하고 있음을 편견 없이 받아들일 수 있도록 나에 관해서도 말해 주어야 한다. 이때 내가 공감하는 내용과 연관된 나의 강점과 취약점을 상대방에게 말해 준다. 적극적인 소통을 하고 있다는 표시다.

상대방의 감정에 공감하는 능력은 자기 자신을 수용하는 능력에 기초한다. 자기 자신도 받아들이지 못하면서 다른 사람을 이해하고 받아들이며 공감한다는 말은 어불성설이기 때문이다. 자기 자신을 수용하지 않으면, 상대방이 자신의 취약점을 건드리는 말을 했을 때 평정심을 잃고 객관

<표 3>

공감척도 - 공감행동척도

○   나는 상대방이 말할 때 열린 마음으로 경청한다.

○   나는 상대방의 관점이나 견해를 고려하면서 대화할 수 있다.

○   나는 상대방의 감정에 대해 이해한 것을 그에게 말할 수 있다.

○   나는 상대방에게 나의 강점과 취약점을 말할 수 있다.

성을 상실한 채 자신을 공격한다고 생각하여 방어적인 태도를 취할 것이다. 결국 공감을 해 주어야 할 때 자신을 방어하는 데 에너지를 소모하게 되는데, 이때 그가 권위의식을 가진 사람이기라도 하면 권력을 남용하는 행위를 통해 자신을 방어하고 상대방을 무시하기 십상이다. 공감의 완성은 해결하고, 돕고, 기여하는 행동의 과정에서 나온다. 행동하는 공감의 힘이다.

'행해야만 하는데도 행하지 않은 것'과 '행하지 말아야 하는데도 행한 것'을 용서해 달라는 젠드 아베스타의 참회의 기도문을 인용하지 않더라도, 행동의 중요성은 천만번 또

공감이 나에게도

다시 강조해도 지나치지 않다. 페르시아 조로아스터교 경전에 있는 아베스타의 〈여섯 가지 참회〉는 생각하고 말하고 행동하는 것에 관한 기도문이다.

생각해야만 하는데도 생각하지 않은 것과 생각하지 말아야 하는데도 생각한 것도 여섯 가지 죄 중 두 가지에 해당한다. 이 둘은 공감의 네 차원 중 생각과 행동에 관한 것으로 사람이라면 꼭 해내야 하는, 해내지 못했을 때는 참회의 기도를 올려야 하는 가장 기본적인 인성인 셈이다.

이렇게 공감의 상태를 이룬 것을 전문용어로는 '라포가 형성되었다'고 한다. 라포는 클라이언트와 사회복지사 사이의 상호이해와 작업관계 수립을 가능하게 하는 조화, 공감, 화합의 상태(Barker, 1987: 135)다. 즉 상호 긍정적인 친화관계를 말한다. 라포가 형성되어야 클라이언트는 자신의 감정을 개방적인 태도로 드러내고, 말하기 어려운 문제들도 두려움 없이 말할 수 있다. 자기방어를 할 필요를 느끼지 못하는 공감의 상태가 바로 라포를 형성한 상태다.

그러나 사적 관계에서는 상호 긍정적인 친화관계가 잘 성립되어 있고 공감이 이루어졌다고 해서 라포가 형성되었

다고 하지는 않는다. 라포는 다분히 특정 상황에서 쓰이는
전문용어이기 때문이다.

책임차원: 공감책임척도

책임의 공감은 '공감책임척도'로 측정해 볼 수 있다.

책임으로서의 공감은 개인적 차원에서 느끼고, 생각하고, 행동하며 소통한 내용이 사회적 차원으로 진화하는 과정을 말한다. 개인적 차원에서 깊이 공감을 하면서 대 사회적 책임의식이 생기는 것이다. 따라서 부정적·폭력적·비윤리적·반사회적인 것에 갖는 동일한 느낌과 생각, 행동은 공감이 아니다. 친사회적인 차원으로 진화하는 것만을 공감이라고 할 수 있다.

사회책임으로서의 공감능력을 어느 수준으로 갖고 있는지 알고 싶다면 〈표 4〉의 7개 문항에 답해 보면 된다. 사회복지사들의 책임차원 점수는 4.37점(표준편차 0.54)이었다.

책임의 공감에는 대상이 없다. 굳이 따지자면 모든 사람, 즉 시민 전체라고 할 수 있다. 요즘 들어 사회 이슈에

〈표 4〉

공감척도 - 공감책임척도

○ 나는 기본욕구 충족은 모든 시민의 기본 권리라고 믿는다.

○ 나는 모든 사람의 인권이
우리 사회가 지켜야 할 중요한 사회적 가치라고 믿는다.

○ 나는 우리 모두가 사회적 약자 문제에
관심을 가져야 할 책임이 있다고 믿는다.

○ 나는 우리 모두가 어려움에 처한 사람을 도와야 할 책임이 있다고 믿는다.

○ 나는 모든 사람의 안녕에 대한 책임이 우리 모두에게 있다고 생각한다.

○ 나는 우리 각자가 지역과 사회에 기여하는 것이 중요하다고 생각한다.

○ 나는 사회문제 해결을 위해 다양한 방법으로 기여할 의향이 있다.

대한 시민들의 관심이 높아지면서, 인권을 지키고 인권의
식을 함양하며 사회정의를 추구하거나 사회적 책임을 다해
야 한다는 사회적 공감대가 형성되고 있다. 시민의 기본권
인 기본욕구 충족은 하나의 권리로서 모든 사람에게 중요
하다는 공감대를 이룬 것이다. 사람들은 이제 일반 시민의
인권, 약자에 대한 관심, 어려운 사람을 돕는 활동, 지역사
회에 대한 책임 등에 막중한 책임감을 느끼고 더 나아가 무

엇이든 실천에 옮겨야겠다고 생각한다. 공감시민으로서의 책무 같은 것이다. 사회문제를 해결하기 위해 할 수 있는 방법을 모두 동원하여 참여하고, 문제해결에 기여할 의향을 가진다. 책임의식을 행동으로 옮기겠다는 의지를 보인다. 사회적 공감의 힘이다.

나의 공감 수준

이 공감척도를 이용하여 각자 자신의 공감 정도를 측정할 수 있다. 각 항목은 5점 만점의 척도로 구성되었다. 각 문항마다 많이 동의하면 '매우 그렇다'로 생각하고, 적게 동의하면 '매우 그렇지 않다'라고 생각하면 된다. 그 사이에 '그렇다', '보통이다', '그렇지 않다'도 있으니 그 사이 수준으로 동의가 될 때 그렇게 생각하면 된다. '매우 그렇다'에는 5점을 주고 '그렇다'에는 4점, '보통이다'에는 3점, '그렇지 않다'에는 2점, '매우 그렇지 않다'에는 1점을 주면 된다. 각 항목의 점수를 모두 더해서 25로 나누면 나의 공감점수가 된다.

사회복지사들의 점수는 느낌이 3.83점으로 가장 낮았고, 책임이 4.37점으로 가장 높았다. 생각과 행동은 비슷하게 나타나 각각 4. 05와 4. 07로 높은 편이다. 이 결과로만 본다면 사회복지사들은 정서적인 공감은 낮은 편이지만 느낌으로 시작하여 생각과 행동을 통해 사회적 책임으로 진화하는 것으로 보인다. 물론 이 점수는 전체 사회복지사들을 대변하는 점수는 절대 아니다. 이 점수로 사회복지사들을 일반화하거나 예단해서는 절대 안 된다.

혹은 더 간단하게 계산하는 방식도 있다. 각 항목마다 간단하게 '있다', '없다'의 차원인 '예', '아니오'로 답해서 '예'의 항목을 모두 더한 뒤 4를 곱하면 100점 만점의 공감능력 점수가 계산된다. 사회복지사들은 그렇게 계산하지 않았지만 이를 적용시켜 본다면 느낌은 75점 전후, 생각과 행동은 80점대, 그리고 책임은 90점에 가까운 87점 가량이라고 할 수 있다.

두 가지 방식 중 어떤 방식을 사용하더라도 나의 공감능력 수준을 가늠하기에는 다 적합하다.

자신의 공감능력을 계산해 보고 사회복지사와 비교하여 더 높은지 아니면 더 낮은지, 어떤 차원에서 높고 낮은지를 비교해 보면 재미있을 것이다. 경우에 따라서는 총점은 낮지 않은데 어떤 차원은 점수가 많이 높거나 낮을 수도 있다. 각 하위 부문별로 비슷한 수준의 점수가 나오는 경우도 있고, 반대로 수준 차이가 많이 나는 경우가 있을 수도 있다. 잘 살펴보고 나에게 부족한 공감 차원, 내가 낮은 점수를 받은 공감 항목을 높이는 노력을 해 보는 것도 의미 있는 일이 될 것이다.

에필로그

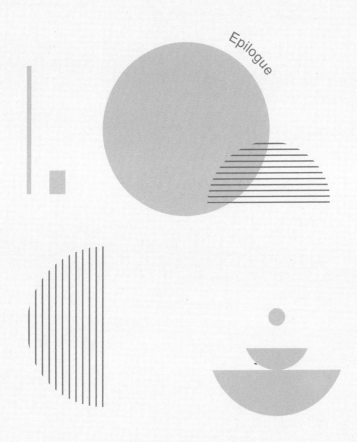

Epilogue

에필로그 1.

사회복지사들이 꼭 남기고 싶은 이야기

정말로 너무 힘들었고, 아직도 힘들게 고생하고 있고, 고통이 많았다. '우리도 응원 좀 해 주지, 우리 사회복지 분야에서 종사하는 그 많은 종사자들은 왜 힘들어한다고 생각해 주지 않는지' 섭섭하기도 했다.

군이 어떤 보상을 바라는 것은 아니었다. 사회복지사들은 자신들의 전문적 판단은 무시된 채 정부의 지시만을 무조건 따라야 했던 힘겨운 상황 속에서 이에 대응하고자 기울였던 노력에 주어지는 사회로부터의 인정 같은 것만을 바랄 뿐이었다.

이해는커녕 오해를 받는 상황은 이들을 더욱 힘들게 했

다. 이들은 "사회적으로 응원해 주었던 의료진들을 위한 '덕분에 챌린지'를 우리들을 위해서도 해 주었어야 하는 것은 아닌지 싶다"고 했다.

힘든 과정 속에서 사회복지사들이 보여 준 것은 공감의 힘이었다. 다른 사람의 고통이 곧 '나'의 고통으로 다가왔고 '나'의 고통을 즉시 다른 사람에게서 보았다. 그러면서 누군가는 그 속에서 고통을 함께 경험하고 나누며 고통의 강도를 낮추고 기쁨으로 전환시켜야 함을 깨닫는 과정을 겪었다.

그리고 그 누군가가 사회복지사인 자신이었음을 깨닫는 데는 오랜 시간이 걸리지 않았다. 팬데믹이라는 미지의 불확실성이 불러온 두려움 속에서도 묵묵히 그 일을 해내는 자신을 발견하면서 스스로에게서 그 공감의 힘을 느꼈다.

현장에서 힘든 시간을 보낸 사회복지사들의 목소리를 담았다.

우리도 응원 좀 해 주지

선생님들이 정말 많이 고생했어요. 꼭 보상받아야 돼요(웃음). 요양시설의 많은 선생님들이 정말 평소보다 2배, 3배 많은 서비스를 제공하고 노력했었는데, 코로나를 확산시키는 집단이라든가 그렇게 부정적인 얘기만 나왔지, 실제로 그 안에서 더 많은 인력들이 정말 죽을 둥 살 둥 해서 어르신들을 모시고 있다는 것을 알리는 응원의 메시지는 한 번도 본 적이 없어요. 한 번 정도는 응원의 메시지가 있었으면 좋았었겠다, 그래서 그 선생님들이 어떻게 노력하고 있었는지 얼마나 고생이 많았는지가 꼭 기록이 되고, 그게 보상이고, 물질적인 보상이아니라 긍정적인 지원, 감사인사 그런 것들이 있었으면 좋았었겠다라는 생각이 들어요.

선제 검사 명령 때문에 줄 서서 2주에 한 번씩 코를 쑤시니 코가 다 헐 것 같았어요(웃음). 그거를 4월부터 했으니까. 그래서 기록에 꼭 남기고 싶고요.

가정방문 나갈 때 '마스크만이라도 좀 해 줬으면 좋겠다'(웃음) 이랬는데, 일단은 지원은 안 되고 있는 상황이고. 백신 주사 맞을 때, 이제 보건소 인력들은 어느 정도 맞으셨는데 저희는 맞으라는 연락이 아예 없는 거예요.

상상할 수 없었던 것들을 정말 쉬지 않고 계속해 왔던 것 같아요. 근데 이제 그런 것들이 또 밖으로나 잘 드러나지 않고. 이 것을 꼭 보상받고 (싶다거나) 그런 것들은 아닌데. 다른 분야에 비해서 왜 우리에게는 관심이 없을까⋯. 우리 스스로 이런 것들을 참 열심히 했다 이 정도로만 기록해 두면 좋지 않을까 이런 생각이 듭니다.

저희 종사자들 다 해서 ('덕분에 캠페인'의 손모양 제스처를 하면서) 이렇게 시설마다 생활시설 앞에서 한 거 있었어요. '의료진들을 응원합니다' 하면서 우리가 서서 이렇게 다 찍어서 보낸, 그 의료진들을 응원한다라는 거기에 저희는 없었던 거죠. 현장에서 정말 힘들게 일하고 있는 저희 선생님들은.

현장에서의 고생은 사실 다 똑같았고 어디라고 더하지도 덜하지도 않았다. 그럼에도 불구하고 사회복지사들은 의료진과 달리 방역물품 지원도 부족했고 백신도 제일 늦게 맞았다. 클라이언트를 만나는 것은 의료진과 동일한 위험을 감수해야 했는데, 어쩌면 지역사회가 더 위험할 수도 있었는데, 의료현장이 아니라는 이유로 모든 방역 관련 지원요청이 무시당했다.

그것도 참았지만 수고를 인정받지 못하고 보상받지 못한 것은 내심 섭섭했다. 우리도 힘든 와중에 의료진을 위해 '덕분에 캠페인'을 해야 했던 경험은 마음을 더 아프게 만들었다. 도리어 감염 확산의 원인이라는 등 비난의 화살을 시설에 돌릴 때는 정말 화가 날 지경이었다. 그렇지만 '덕분에 챌린지' 캠페인이 우리를 위한 것이었어야 했다는 말은 그 말을 하자마자 거두어들였다. 모두 다 힘들었음을 알기에 내가 힘들었던 것을 알아 달라고 우기는 건 아니라면서.

좌충우돌이지만 혼신의 힘을 다해

하나같이 다른 역할을 하지만 그 안에서 사회복지사로서 모든 선생님들이 다 너무너무 충실하게 그 상황에 맞춰서 정말로 열심히 일하시는 모습들을 봤을 때 굉장히 감동적이고 이렇기 때문에 진짜 그, 저희가 정말로 이렇게 그 보람되고 책임을 다하고…. 다들 맡은 자리에서 열심히 하시는 모습들을 봤을 때 되게 감동적이었거든요. 장소는 다르고 대상도 다르지만 아이들을 위해서 같은 뜻을 가지고 일하시는 모습들을 봤을 때 그런 것들을 좀 기록에 남기고 싶어요.

체험홈 업무 담당하면서 장보기 대행을 진짜 많이 했거든요. 갇혀 있는 거 싫어하니까 달래려고, 좋아하는 간식이란 간식은 다 사다 나르면서 달래고 그랬던 기억이 있어요. 그래서 제가 '사회복지사가 뭔가….' (웃으며) 약간 그런 고민을 한 적 있는데. 그런 것도 내 역할이다 생각을 하면…. 그렇게 뭐 고민하면서 좌충우돌하면서 장 보고 했던 그런 재미있었던 기억들, 그런 것들을 좀 기록에 남겨도 나쁘지 않겠다 싶네요. 코로나라는 상황에서 저희가 저희 나름대로 시행착오를 거쳐서 다른 식으로 사업을 좀 시도해 봤던 거를 남기면 어떨까 싶어요.

다양한 플랫폼들이 발전했는데, 그거에 따라서 비대면 영역에서의 사회복지사의 영역과 프로그램들이 필요해요. 재난상황에 따라서 포기하지 말고. 그 상황에 함께 어울려서 유연하게 대처하고 새로운 프로그램을 기획할 수 있는 능력을 키워라 이렇게 남기고 싶어요.

이들은 좌충우돌을 경험했지만 그래도 재미있고 의미 있는 기억으로 남았다고 했다. 이는 한 번도 경험해 보지 못한 상황에서 한 번도 시도해 보지 않았던 비대면서비스라는 복병을 만났지만 그럼에도 새로운 것을 창의적으로 해냈다는 뿌듯함 같은 것이었다.

그 과정에서 혼신의 힘을 다해 열심히 일하는 동료들을 보며 감동을 받았다고 했다. 그러면서 이들은 동료들에게 감사해 했다.

변화를 두려워하지 말고

빠르게 시설 안에서 대응하는 노하우들 그런 것들도 남겨 주면 좋을 것 같아요.

지금까지의 어려운 점들, 또 과감하게 말씀드리자면 개선이 필요한 부분들, 거기에 대한 저희 생각. 이렇게 남길 것 같습니다.

어떻게 변해야 되는지 변화를 두려워하지 말고 이제 즉각, 무엇이라도 시행을 해 봤으면 좋겠다라고 남겨 보고 싶습니다.

희망을 가지고. 생각을 가진다면 잘 극복할 수 있을 것 같아요.

COVID-19 팬데믹은 전혀 경험해 보지 못한 새로운 세상을 답도 없이 던져 주었다. 그러면서도 답을 찾아갈 시간적 여유도 허락하지 않았다. 되는대로 문제상황을 해석하고 빠르게 대응해야만 했다.

새롭게 대두되는 상황에 대응하려니 부족한 것도 많이 보였고 당장 개선해야 할 것들도 많았다. 그러나 두려워하지 않았고, 주저앉지 않았다. 무엇이라도 해 보려고 했고 그 새로운 시도는 답을 가져다주었다. 희망을 갖고 대처하면서 극복해 냈던 것이다.

기록으로 남겼으면

계획대로 진행되지 못했던 것도 기록에 남겨 보고 싶고.

우리가 겪었던 경험들을 솔직하게 남기는 게 필요하지 않을까. 우리는 사회복지사이니까 직장인이기 이전에 직업인일 수 있는 그런 것들에 동기부여를 좀 해 줄 수 있게 우리가 겪었던 그리고 왜 이런 선택을 했고, 우리가 왜 필요한지 우리가 어떤 역할을 해야 되는지에 대해 솔직하게 좀 기록해야 하지 않을까.

저희는 아무래도 양성 확진 후에 코호트 격리했던 것들이 정말 그 시점에서부터 쭉 기록에 남겨져 있거든요. 그대로 남기면 될 것 같습니다.

마스크를 쓰기 전과 마스크를 쓰고 있는 중, 그리고 이제는 마스크를 벗고 나서 이렇게 마스크와 함께한 우리의 역사를 기록할 것 같습니다.

사업에 참여하셨던 어르신들의 말씀이나 소감이나 이런 것들을 좀 담으면 좋겠다.

그러나 모든 경험이 다 긍정적으로 정리될 수 있는 것은 절대 아니었다. 당시의 경험 그대로 문제를 해결해 나갔던 노하우, 제대로 안되었던 것, 잘못되었던 것, 개선해야 할 것 등을 있는 사실 그대로 숨김없이 기록으로 남기면 좋겠다고 솔직하게 털어놓았다. 그 이야기에는 어떤 어려운 상황에서도 항상 배움은 가능하며, 어떤 어려움이 다시 닥쳐온다고 해도 잘 헤쳐 나갈 수 있겠다는 미래의 희망이 담겨 있었다.

재난상황이라고 해서 문을 닫는 것만이 답은 아니었다. 재난상황일수록 재난의 유형에 따라 다르게 파생하는 문제를 정확히 파악하고 그 문제를 해결하고 대처하기 위한 방안을 찾아가야 하는 것이다. 그렇게 하기 위해 이번 경험이 그 방안을 마련하는 계기가 되기를 사회복지사들은 바라고 있었다. 각자 남겨 두었던 기록들을 바탕으로 재난대응 매뉴얼을 만드는 것이 이들이 힘들게 경험한 것에 대한 보상이 아닐까 싶다.

사회복지사들은 이용자들의 목소리도 담아낼 수 있으면 좋겠다고 말했다. 이들은 이용자들이 어떤 언어로 이때의 경험을 말하는지, 그 경험을 자신과는 어떻게 비슷하게 또는 다르게 느꼈는지 궁금하다고 했다. 그런 내용들을 정리해서 기록하면 좋겠다는 것이었다. 맞는 말이다. 역시 클라이언트와 함께 생활하면서 이들과 공감하는 사회복지사다운 말이다. 향후 과제가 하나 더 생기는 순간이었다.

새로운 시각으로

온라인 프로그램 때문에 지금까지 경험하지 못했던 또 새로운 경험을 했고 또 내가 생각하는 정신장애인분들은 내가 기대했던 거 그 이상으로 '너무 훌륭한 사람들이다'라고 기록을 남기고 싶었어요. 오히려 저희보다 더 적응력도 좋으신 것 같고. 저는 온라인 프로그램 하면서 정말 반성을 많이 했거든요. 제가 생각했던 것 그 이상으로 '의지가 정말 대단한 사람들이다'라는 생각이 새롭게 들었던 것 같아요.

1주일 동안 이용자분들하고 격리돼 있었어요. 이게 이때가 아니면 내가 직접서비스 한답시고 이렇게 옆에 붙어 있을 수가 있을까? 근데 그 시간을 잘 견디고, 이제 아프지 않고 일상생활로 잘 복귀했던 분이 갑자기 생각이 났고요. 그래서 내가 '아 그분을 위해서 이 정도 했다 … 다행이다 …' 기억이 남습니다.

'저희 이용자분들은 정말 사회적 약자였구나!' 저희가 이런 재난상황을 겪어 본 적이 없잖아요. 그래서 그냥 말로만 들었던 '재난은 사회의 가장 약한 부분을 파고든다'라는 게 뭔지 정말 알 거 같은 느낌이었어요.

사회복지사들은 코로나 상황에서 모두가 우왕좌왕할 때 묵묵히 청소년을 만났던 사람들이었던 것 같아요. 저희가 방향도 고민하고 함께 걷고 이정표마냥 사실 '한 발자국 좀 앞서서 가는 역할을 한다' 이렇게 하잖아요. 그래서 그런 부분에 대해 우리는 그렇게 흔들림 없이 아이들을 만나지 않았을까?

사회복지사들은 자신들만을 믿고 따라와 주고 지금까지 함께 동고동락해 온 이용자들과의 관계에서 많은 것을 배우면서 더욱 성장할 수 있었다고 했다. 이들이 처한 상황을 더 정확하게 파악할 수 있었고, 사회적 약자에게 파고든 재난의 처참함을 실감할 수 있었다는 말이다. 한편으로는 지금까지 갖고 있던 사회적 약자에 대한 편견에서 벗어나 새로운 시각으로 이들의 강점을 바라보는 계기가 되기도 했다고 전했다.

확진된 이용자와 함께 격리되는 경험은 두려움 그 자체였을 것이다. 그러나 두려움은 곧 이용자가 느낄 두려움과 공포로 대치되었고, 이에 대한 공감은 사회복지사로서의 사회적 책임으로 다가왔다. 서비스 제공자로서 이렇게 가까이, 이렇게 오랜 시간 계속 함께하면서 자신의 역할과 존재를 바라보는 새로운 시각을 갖게 되었다. 이들을 통해 사회복지사가 한층 더 성장하는 계기가 마련되었던 것이다.

우리가 코로나를 극복했어요

처음부터 끝까지 답이 없는 과정을 찾아가는 여정이었다? 그런 생각이 나요. 답이 없지만 답을 찾아 헤매는 시기. 그치만 좋은 답을 찾았다. 이렇게 남기고 싶은데요.

저는 이렇게 남기고 싶어요. '우리가 코로나를 극복했습니다'라고…. (목소리가 잠기며) 그렇게 꼭 남기고 싶어요.

'우리가 코로나를 극복했습니다.'

이 말은 큰 울림으로 다가왔다. COVID-19 팬데믹은 2년을 넘어 3년째에 접어든 현재까지도 진행 중이다. 새로운 변이바이러스가 자꾸 나오는 중인데, 코로나를 극복했다니 무슨 소리인가. COVID-19가 더 이상 두려움의 존재가 아니라 사회복지사가 대처하고 극복할 수 있는 대상이 되었기에 이제는 '코로나를 극복했다'고 자신 있게 말할 수 있다는 뜻이었다.

이들은 지난 2년이 처음부터 끝까지 답을 찾아가는 여정이었고, 이제는 답을 찾았다고 했다. 이 말 속에서 이들이 문제상황에서 헤매는 과정과 답을 찾고 만들어 가는 과정, 그리고 좋은 답을 찾아 환호했을 때의 모습 등을 떠올릴 수 있었다. 사회복지사들이 확실히 '코로나를 극복했다'는 것이 느껴졌다.

사회복지사에게 COVID-19 팬데믹 상황은 누가 알아주지 않아도, 아무리 고통이 심하고 공포가 엄습해 오더라도 서비스이용자들과 함께한 시간이었다. 그들에게 감사했으며 그들과 나눈 공감의 상태에서 힘을 얻었다. 그렇게 얻은 힘으로 하루를 버텨 내고 한 달을 버텨 내고 일 년을 넘어 지금까지 버티고 있다. 희망을 갖고 극복해 냈으며 우뚝 서는 과정을 경험하였다.

그 안에서 공감의 힘이 발생한 원천은 사회복지사들 바로 그 자체였다.

에필로그 2.

팬데믹 시대의 공감과 대처

COVID-19 팬데믹은 우리 모두를 이전에 경험해 보지 못한 완전히 새로운 세상으로 내몰았다. 일순간에 모든 만남은 중지되었고 사람들은 각종 관계로부터 차단되었다. 텅 빈 거리와 불 꺼진 건물들은 숨죽인 채 집 안에만 갇혀 있는 사람들의 시간을 멈춤 상태로 만들었다.

그러면서 우리는 이른바 '비대면접촉'이라 불리는 온라인 상에서의 만남을 우리 삶 속에 받아들이게 되었다. 이메일이나 SNS를 통한 소통이 일상이 되었고, 사람들과의 접촉은 고작해야 컴퓨터나 휴대폰 화면을 통해 얼굴을 마주하는 데 만족해야 하는 비대면방식의 만남으로 전환되었다.

학교 수업도, 각종 업무와 회의 및 미팅도, 다양한 복지시설에서 생활하고 요양하는 가족과의 만남도 화상으로 마주하는 비대면접촉을 통해 이루어졌다. 이제 비대면 상황을 일상으로 받아들이면서 '포스트코로나'라는 새로운 뉴노멀을 맞이한 것이다.

2년이 넘는 팬데믹 기간 동안 온라인 접속을 통한 비대면 만남이 일상이 되며 다시 오프라인으로 돌아갈 이유를 찾지 못할 정도로 익숙해져 버렸다. COVID-19가 완전히 종식된다고 해도 이미 온라인이 점령한 영역을 내주지는 않을 것이다. 21세기는 4차 산업혁명의 시대라는 말이 무색하게 20년이 다 되도록 그 변화를 느끼지 못하던 우리는 COVID-19라는 초유의 전염병 앞에서 디지털의 혁명을 강제적으로 조우하게 되었다.

뉴노멀을 온몸으로 절실하게 경험하면서 이제는 온라인과 오프라인을 어떻게 현명하고 슬기롭게 병행할 것인가 하는 당면과제를 받아들었다. 뉴노멀이 당연한 일상으로 자리 잡으면서 노멀로 바뀌는 순간이다.

온라인을 통해 접한 세상은 우리의 상상을 초월하는 곳이었다. 지금까지의 디지털 세상과는 다른 차원의 가상 세계에 놓이면서 현실세계와의 혼동이 발생했다. 알파고를 시작으로 우리 일상 깊숙이 다가온 인공지능은 '과연 AI가 우리 인간을 어떻게 지배할 것인가'를 염려하게 만들었고, 온라인상에서 제공되는 다양한 정보와 각종 데이터의 홍수 속에서 등장한 빅데이터는 인간의 일상이 감시당하는 느낌을 지울 수 없게 했다.

가상과 현실의 경계가 모호해지는 경험 또한 신기함과 공포심을 뒤섞이게 했다. 아바타가 나 대신 활동하고 메타버스에서 근무도 하고 일상생활도 하게 되면서 메타버스 속 아바타와 현실의 나 자신 사이에 발생할 혼돈을 무시할 수 없는 세상이 성큼 다가왔다. 일상 깊숙한 곳까지 들어와 버린 다양한 로봇과의 공존은 편리함과 두려움을 동시에 유발하면서 스마트 세상에서 어떻게 진정으로 스마트하게 살아가야 할지 고민하게 했다.

COVID-19 팬데믹과 함께 갑작스레 닥쳐온 비대면 환경에서 거의 모든 일을 대면으로 처리하던 사회복지사들은 당황스러움을 감출 수 없었다. 직접 만나서 얼굴을 맞대고 관계를 맺으면서 라포를 형성하고, 여기서 공감을 이루어 내며 사회복지서비스를 제공하던 사회복지사들이었기에 더 당황스러웠다.

익숙하지 않은 비대면 환경에서 어떻게 공감을 이루어 낼지 염려하지 않을 수 없었다. 만나지 않고도 공감을 해낸다는 게 가능한 것인가에 의문을 제기하지 않을 수 없었다. 만나지 않으면 제대로 된 관계를 유지하기 어렵고, 정확한 서비스를 제공할 수도 없는데 어떻게 해야 하는 것인지 이들은 난감해 했다. 그리고 그 대답은 누가 알고 있어 해 줄 수 있다는 것인지 계속해서 미궁으로 빠져드는 느낌이었다.

이 책을 집필하기 시작하면서 마주친 의문이었다. 그 시작은 사회복지사들이 보인 공감의 힘을 목격함으로써 비롯되었지만, 공감의 힘이 발휘되어 서비스 현장에 변화와 안정을 정착시키는 과정은 이 책을 마무리하는 동력이 되어 주었다.

비대면 온라인 수업, 재택근무, 사회적 거리두기, 마스크 착용. 팬데믹이 가져다준 현재의 모습이다. 이 뉴노멀이 사회적 관계의 정의를 달리 설정하고 있다. 저녁회식 기피 등 적당한 거리두기는 이제 밤늦도록 술 마시고 노래하며 다른 사람들과 어울리던 문화를 '나' 중심의 문화로 바꾸어 놓는 중이다. 혼밥, 혼술, '혼'이라는 말을 접두사처럼 단 단어들이 자연스럽게 쓰이고 있다.

이런 변화의 한복판에서 사회복지사들은 지역사회를 중심으로 이용자들과 직접 만나고 관계하며 서비스를 전달하던 모습의 노멀을 이른바 뉴노멀에 맞춰야 했다.

준비 없이 닥쳐온 비대면 환경에서 사회복지사들은 어떻게 공감을 해낼 수 있었을까. 공감이 이루어지는 기본 환경이 대면이 아닌 비대면으로 바뀐 상황에서 클라이언트들을 만나면서도 공감을 할 수 있었을까. 사회복지실천 현장이 바뀌었는데 공감은 우리가 알고 있는 그대로 작용하고 있다는 것인가. 다양한 양상의 위기상황에서 공감이 어떻게 문제해결을 위해 작용하고 있었는가.

이런 질문들에 답을 하면서 풀어 갔다. 이 시대가 말하는 공감이 무엇인지, 어떤 구성요소를 담고 있는지, 특히 팬데믹 시대의 사회복지사가 보이는 공감은 어떤 모습인지, 사회복지실천 현장에서의 공감에 관한 시사점은 무엇인지 등을 탐색해 나갔다.

공감에 대한 나의 관심은 그 역사가 매우 깊다. 사회복지학을 접하고 이 학문에 매료된 이유이기도 하다. 가장 어려운 공감의 기술을, 가장 힘들어 하는 사람들에게, 가장 효과적으로 사용해서, 그 사람들이 다시 힘을 갖고 일어설 수 있게 하는, 이 마법 같은 일을 학술적·실천적으로 연구하고 실행하는 학문이 사회복지학임을 알게 되었을 때 들었던 그 벅찬 기분을 지금도 생생하게 기억한다.

공감과 함께 나를 매료시킨 또 하나의 개념은 대처, 코핑 coping이었다. 우리는 일상에서 맞닥뜨리는 문제를 모두 다 해결하지는 못한다. 해결하지 못하는 문제가 해결 가능한 것보다 더 많다. 그리고 해결하지 못한 문제들이 우리를 실패의 압박감에 시달리게 한다. 그때 코핑이라고 하는 개념이 적용된다. 문제는 해결하는 것이 아니라 매번 대처해 나가는 도전임을 코핑이라는 개념을 알게 된 순간 깨달았다.

이 도전을 받아들이고 대처해 나가는 과정에서 힘을 실어 주는 사회복지사들은 그 실천의 도구로 공감을 사용한다. 공감empathy과 대처coping, 이 두 개념이 나로 하여금 사회복지학을 공부하고 연구하며 학생들을 가르치도록 이끌면서 나를 지켜 나갈 수 있게 해 주었다.

그러나 공감을 글로 정리한다는 것이 쉬운 일은 아니었다. COVID-19 팬데믹이 불러온 힘든 상황에서도 공감하고 행동하는 사회복지사들을 보면서 그 태도에 감동하여 집필을 시작했지만 그 내용을 글로 다 담아내는 일은 만만치 않았다. 그럼에도 불구하고 COVID-19 바이러스가 창궐하는 현장을 씩씩하게 지켜 낸 사회복지사들을 받쳐 준 것이 공감의 힘이었음을 확인하는 과정은 의미 있었다. 그리고 그 값진 경험을 모든 사회복지사들과 함께 팬데믹을 거친 이들 모두와 나누고 싶었다. 그렇게 이 책은 시작되고 또 마무리되었다. 모두에게 감사한 마음 가득하다.

감사의 글

감사를 드릴 분들이 많다.

우선, 2021년 퇴근한 후 저녁 시간 줌^{zoom}으로 진행되는 그룹인터뷰에서 솔직하게 당시의 느낌과 생각을 공유해 주신 사회복지사들께 진심으로 감사드린다. 이들이 고백한 공감의 본질, 그리고 그로 인해 힘을 얻고 또한 이용자들에게 힘을 실어 줄 수 있었던 임파워링 공감의 경험은 글로 옮기기에 부족할 정도로 풍성한 정서적 감동 그 자체였다. 더 많은 이야기를 전해 주었음에도 다 담아내지 못해 죄송한 마음이 더 크다. 양해해 주시리라 믿는다.

권보영, 김영민, 김은경, 김정식, 김지훈, 김철민, 민선

화, 박미경, 박종인, 엄광현, 원순주, 윤수진, 이태용, 이
형우, 임정희, 조지혜, 차지숙, 최미경, 한효원, 허보연,
허세미, 허영난(가나다순, 직책과 존칭 생략) 사회복지사 선
생님들에게 진심으로 감사드린다.

이 사회복지사 선생님들이 근무하는 곳은 다양했다. 동
주민센터, 종합사회복지관, 노인복지관, 장애인복지관, 노
인의료복지시설, 정신건강복지센터, 장애인복지시설, 노
인단기보호센터, 노인요양센터, 그리고 장애인단기보호센
터였다. 여기서의 값진 경험을 가감 없이 진솔하게 나누어
주었다.

사회복지사 선생님들을 인터뷰하고 내용을 정리해 준 우
리 공감연구팀 조교들에게도 감사하다. 임지영, 채보라, 전
하은의 지원이 없었다면 이 귀한 말들을 잘 정리하기 어려웠
을 것이다.

늘 그랬듯이 졸고를 흔쾌히 받아 좋은 책으로 만들어 주
신 나남 조상호 회장님, 그리고 방순영 이사를 비롯한 편집
진께 감사드린다.

참고문헌

공자 저, 김형찬 역(1999), 《논어》, 홍익출판사.

글배우(2021), 《모든 날의 모든 순간에 위로를 보낸다》, 강한별.

김용석 외(2016), "한국어판 사회복지사 공감척도의 타당화 연구", 〈정신건강과 사회복지〉, 44(1) : 188~213.

김은미(2017), "동체자비의 가능성으로서의 공감", 〈범한철학〉, 86(3) : 91~116.

김현정 외(2021), "COVID-19와 사회복지실천에 관한 사회복지사의 주관성 연구", 〈사회복지연구〉, 52(2) : 5~35.

남경희(2004), "윤리이론과 사회복지", 양옥경 외, 《사회복지 윤리와 철학》, 나눔의집.

두산동아 편(2022), 《두산세계대백과》, 두산동아.

로버트 루트번스타인·미셸 루트번스타인 저, 박종성 역(2007), 《생각의 탄생: 다빈치에서 파인먼까지 창조성을 빛낸 사람들의 13가지 생각도구》, 에코의서재.

류시화(2005), 《사랑하라 한번도 상처받지 않은 것처럼》, 오래된미래.

맹자 저, 박경환 역(1999), 《맹자》, 홍익.

문복희 (2008), 《페루의 숲》, 형설출판사.

_____ (2011), 《나비》, 도서출판 영성네트워크.

박경리 (2000), 《우리들의 시간》, 나남.

박노해 (1984), 《노동의 새벽》, 풀빛.

박성희 (2004), 《공감학: 어제와 오늘》, 학지사.

박인석 (2015), "불교에서 '공감'의 의미와 역할 - 자비(慈悲)를 중심으로", 〈동양철학〉, 44: 346~368.

박인철 (2012), "공감의 현상학 - 공감의 윤리적 성격에 대한 후설과 셸러의 논의를 중심으로", 〈철학연구〉, 99: 101~145.

브래드포드 셰퍼・찰스 호레이시 저, 서울대 사회복지실천연구회 역 (1998), 《사회복지실천 기법과 지침》, 나남.

생명의말씀사 편 (2015), 《큰글자 스터디 성경》(개역개정4판), 생명의말씀사.

소병일 (2014), "공감과 공감의 윤리적 확장에 관하여 - 흄과 막스 셸러를 중심으로", 〈철학〉, 118: 197~225.

알프레드 카두신 저, 조휘일 역 (2000), 《사회복지실천과 슈퍼비전》, 학지사.

양옥경 외 (2018), 《사회복지실천론》(개정5판), 나남.

엄국화 (2021), 《다산의 공감 연습》, 국민출판사.

엄명용・노충래・김용석 (2020), 《사회복지실천기술의 이해》(4판), 학지사.

이준우 외 (2011), 《(전문 사회복지사를 위한) 사회복지용어사전》, 서현사.

자밀 자키 저, 정지인 역 (2021), 《공감은 지능이다》, 심심.

정민(2013), 《오직 독서뿐》, 김영사.

정창권 엮음(2019), 《나를 나이게 하라》, 이다북스.

제러미 리프킨 저, 이경남 역(2010), 《공감의 시대》, 민음사.

프란스 드 발 저, 최재천·안재하 역(2017), 《공감의 시대》, 김영사.

프로마 월시 저, 양옥경 외 역(1998), 《가족과 레질리언스》, 나남.

Barker, R. L. (1987), *The Social Work Dictionary*, Silver Spring: NASW.

_____(2014), *The Social Work Dictionary* (6th ed), Washington D.C.: NASW Press.

Fischer, J. (1973), *Interpersonal Helping: Emerging Approaches for Social Work Practice*, Springfield, IL: C. C. Thomas.

Hogan, R. (1969), "Development of an empathy scale", *Journal of Consulting and Clinical Psychology*, 33(3): 307~316.

Koch. S. (1959), *Psychology: A Study of a Science. Formulations of the Person and the Social Context 3*, pp. 184~256. New York: McGraw Hill.

Lietz, C. A., Gerdes, K. E., Sun, F., Geiger, J. M., Wagaman, M. A., & Segal, E. A. (2011), "The Empathy Assessment Index(EAI): A confirmatory factor analysis of a multi-dimensional model of empathy", *Journal of the Society for Social Work and Research*, 2(2): 104~124.

Miley, K. K., O'Melia, M. & Dubois, B. L. (2016), *Generalist*

Social Work Practice: An Empowering Approach (8th Ed),
London: Pearson.

Rhyn, B. V., Barwick, A. & Donelly, M. (2021), "Embodiment
as an instrument for empathy in social work", *Australian
Social Work*, 74(2): 146~158.

Rogers, C. R. (1959). *A Theory of Therapy, Personality, and Inter-
personal Relationships: As Developed in the Client-Centered
Framework*. New York: McGraw Hill.

_____(1975). "Empathic: An unappreciated way of being", *The
Counseling Psychologist*, 5(2): 2~10.

Saleebey, D. (1996), "The Strength Perspective in Social Work
Practice: Extensions & Cautions", *Social Work*, 41: 296~
305.

Weick, A. (1992), "Building a Strength Perspective for Social
Work", In Saleebey, D. (ed), *The Strengths Perspective in
Social Work Practice*, pp. 18~26., NY: Longman Press.

국립국어원(2021), 표준국어대사전.

　　　https://stdict.korean.go.kr/main/main.do
사회복지공동모금회(2022), 사랑의열매 사업성과.

　　　https://chest.or.kr/lf/intrcn/initBsnsrslt.do
한국학중앙연구원(2022), 한국민족문화대백과사전.

　　　http://encykorea.aks.ac.kr/Contents/Item/E0047931

Merriam-Webster (2021), *Merriam-Webster Dictionary*.
　　　https://learnersdictionary.com/
Longman (2022), *Longman Dictionary of Contemporary English*.
　　　https://www.ldoceonline.com/

김윤덕 (2022. 7. 20.), "18세 청년이 연주한 '악마의 곡'은 어떻게
　　　만인을 울렸나", 〈조선일보〉.
〈동아일보〉(2021. 1. 14.), "정인이·양모 다닌 키즈카페 사장 '입
　　　양축하금 짜다고…'".
조선media 더나은미래 (2021. 2. 2.), "'사랑의 온도탑' 114. 5도로
　　　종료… 작년 총 기부액은 역대 최고 8462억 원".
〈한겨레〉(2022. 8. 7.), "'우영우' 정명석 변호사, '힐링'되네…
　　　'좋은 상사' 유형 1위는?".

통일과 사회복지

양옥경 외 10인 지음

통일 한반도 사회복지의 모든 것
'사람의 통합' 관점으로 바라본 통일사회복지

통일은 통일사회에서 살아가는 '사람'에 관한 관심으로부터 시작해야 하며, 그러므로 사람의 기본적인 생활수준을 보장하기 위한 사회복지는 통일사회를 준비하는 데 매우 중요하게 다뤄야 할 분야이다. 사회복지 각 전공 분야의 전문가 및 북한 전문가가 참여한 이 책은 통일복지 분야 최초의 종합연구서로서 통일사회복지 이론과 실천 부분의 전반적 문제에 해답을 준다.   신국판 | 480면 | 26,000원

나남
nanam
Tel. 031-955-4601
www.nanam.net

사회복지실천론

양옥경·김정진·서미경·김미옥·김소희 지음

개정
5판

임파워먼트를 중심으로 재구성한 사회복지실천 필독서

초판 발간 후 20년이 다 되도록 꾸준한 개정작업을 거치며 많은 지지와 성원을 받고 있는 이 책은 국가시험과목으로서의 사회복지실천 대비와 실제 사회복지실천 현장의 변화발전상을 모두 놓치지 않음으로써 학생 및 현장의 사회복지사 모두에게 큰 도움이 되어 왔다. 다섯 명의 저자는 이번 5판 개정을 맞이하여 임파워먼트를 중심으로 책의 전체 내용을 재구성하였다.　　　신국판 | 580면 | 28,000원

나남
nanam　Tel. 031-955-4601
www.nanam.net